팬데믹과 정치

이 책은 2025년도 포스텍 융합문명연구원의 지원을 받아 출간되었습니다.
This book published here was supported by the POSTECH Research Institute for Convergence Civilization (RICC) in 2025.

팬데믹과 정치

국가는 감염병을
어떻게 통제하고
관리해 왔는가

김기흥 지음

사스, 신종플루,
메르스, 코로나19…
방역 전략을 통해
국가의 역할을
생각하다

과학문화단편총서 007

동아시아

들어가며

개인적으로 코로나19 팬데믹은 봉쇄와 격리의 경계를 넘나들며 유럽과 한국을 오갔던 초현실적인 시간으로 기억된다. 전 세계를 집어삼키던 2020년 가을, 영국 대학에서 연구 활동을 하던 와이프가 급작스레 한국으로 귀국했다. 영국은 세 번째 대규모 감염 확산을 앞두고 봉쇄(록다운)를 선언하기 직전이었고, 와이프는 봉쇄가 시작되기 바로 전날, 마지막 비행기에 몸을 싣고 한국으로 돌아왔다. 한국은 코로나19 확산 초기부터 공격적인 검사와 추적 전략을 통해 비교적 성공적으로 바이러스 확산을 억제하고 있었다.

2020년 겨울방학이 시작되자, 나는 친구 집에 맡겨둔 반려견을 한국으로 데려오기 위해 다시 영국으로 향했다. 봉쇄가 한창이던 영국에서 반려견과 함께 지내는 것은 결코 쉬운 일이 아니었다. 하지만 한 가지 위안이 된 점은 반려견 덕분에 하루에 한 번 산책을 핑계 삼아 바깥 공기를 마실 수 있었다는 것이다. 마스크를 쓴 채 반려견과 함께 산책하는 동양인의 모습에 영국 사람들은 이방인에 대한 경계심과 동네 사람에 대한 안도감이 교차하는 어정쩡한 태도를 취했는데, 나는 아직도 그것을 잊을 수 없다.

문제는 2021년 3월이 될 때까지 런던과 서울을 잇는 직항 편이 재개되지 않았다는 것이다. 30킬로그램에 달하는 골든 리트리버를 태울 수 있는 비행기는 없었다. 직항이 재개될 가능성도 희박해 보였다. 공항은 텅 비어 스산했고 나는 거대한 구조물 속에 홀로 덩그러니 남겨진 듯한 느낌을 받았다. 결국 여덟 살 된 반려견을 다시 친구에게 맡겨야 했다. 눈물로 작별 인사를 건넨 뒤 참담한 마음으로 홀로 귀국 비행기에 올랐다.

영국에서 봉쇄가 나를 옥죄었다면, 한국에서는 2주간의 혹독한 격리가 나를 기다렸다. 인천에서 발열 검사를 받기 위해 하루를 인근 호텔에서 머문 뒤, 버스와 기차를 타고 포항에 내려와서는 흰 방호복을 입은 공무원의 지시에 따라 집에 들어서는 순간부터 한 치의 이탈도 허락되지 않는 격리 생활을 시작했다. 나의 봉쇄와 격리는 반려견과의 가슴 아픈 이별의 시간이자 가족과의 소중한 재회의 시간이기도 했다. 팬데믹 기간 여러분 각자의 기억도 이처럼 다양한 감정으로 얽혀 있을 것이다.

시간이 흘러 백신 접종이 시작되었다. 사람들은 면역력이 생기면서 서서히 '일상'으로 복귀했다. 본격적으로 코로나19와의 공존이 시작된 것이다. 인간은 면역력이 생겼고, 바이러스는 자기 변화를 통해 감염력은 증가했지만 독성은 약화되는 방향으로 진화했다. 그럼에도 바이러스와의 공생은 결코 쉬운 일이 아니다. 여전히 몸이 약한 사람과 노인에게 마스크는 절대적인 자기방어 수단이다. 일상으로 돌아왔지만, 과거로의 단순한 회귀는 아니었다. 세계는 단절되었고, 국경선이 없는 듯 자유롭게 경계를 넘나들던 세상에 대한 기대는 무너지고 있다. 재난을 극복하기 위해 과도하게 시장에 풀린 돈은 쉽사리 회수되지 않고 있다. 게다가 금융 위기 이후 이른바 '양적 완화'라는 이름으로 시장에 풀린 엄청난 통화량과 결합하면서 곧 인플레이션으로 이어졌다. 과거에 견고한 분업 시스템으로 구축된 신자유주의적 자유무역 체계는 한순간에 와르르 무너졌다.

역사적으로 팬데믹은 항상 전쟁을 수반했다. 흑사병은 유럽을 초토화시켰던 30년 전쟁으로 이어졌고, 스페인 독감은 제1차세계대전과 함께 확산했다. 코로나19는 무사히 넘어가는 듯 보였지만, 러시아-우크라이나 전쟁과 이스라엘-팔레스타인 전쟁이 격화되었고, 여전히 현재 진행 중이다. 영국 《가디언》의 칼럼니스트인 피터 베이커Peter Baker가 지적했듯이, 우리는 정상으로 돌아갈 수 없는 상황에 처했다(Baker, 2020). 프랑스의 과학기술학자 브루노 라투르Bruno Latour는 한 걸음 더 나아가, 코로나19가 단순히 감염병의 창궐과 관련된 재난만을 의미하지 않는다고 주장했다. 근대사회가 성립된 이후 자연에 대한 인간의 끊임없는 개입으로 지구 전체가 황폐해지고 임계점에 도달하게 되었다. 감염병의 확산은 인간이 만들어 낸 미래의 파괴적 결과에 대한 예비 연습이다(Latour, 2021).

이 책은 우리 모두 함께 겪은 코로나 팬데믹을 심층 분석했다. 특히, 코로나19 바이러스의 초기 대응 방식에 초점을 맞추고 있다. 이를 위해 코로나19 바이러스를 특정한 맥락에 위치시킬 필요가 있었다. 코로나19 바이러스의 확산과 대응은 국가마다 상이하게 나타났다. 특히 전혀 준비되지 않았던 초기 확산 단계에서 질병에 대응하는 방식은 그 국가의 공공 보건 시스템의 유지 또는 붕괴를 결정했다. 한국은 초기 대응에 상대적으로 성공함으로써 보건 시스템을 유지할 수 있었다.

한국은 개별 행위자의 행동에 대한 조절이나 변화를 주된 목적으로 삼지 않았다. 많은 서구 국가는 초기 확산에서 거리 두기와 손 씻기, 마스크 착용과 같은 행동을 유도하기 위해 무의식적으로 행동의 변화를 가져올 다양한 행동과학적 방법을 시도했다. 하지만 단기간에 행동의 변화를 유도하는 일은 쉽지 않았다. 결국 행동 변화 유도를 시도한 국가들은 방역에 실패했다(김기홍, 2020). 반면, 한국은 공격적인 통제를 시도했다. 그렇다고 시민들의 행동을 강제적으로 제한할 수는 없었다. 대신 공간을 조절하고 통제했다. 개별 시민의 행동을 의식적으로든 무의식적으로든 제한하는 것보다, 집단으로 행위자들이 모이는 공간에 통제를 시도한 것이다. 검사와 추적, 격리의 기본 단위는 표면적으로는 개별 행위자처럼 보이지만, 이면에는 행위자들이 모이고 상호작용하는 공간이 있었다. 그래서 매일 질병관리청의 브리핑에서는 특정 개인이 아니라 학교, 학원, 공장, 병원, 교회와 같은 공간을 언급했다. 이 책은 우리가 어떻게 공간에 집중하게 되었는지 설명한다. 한국의 공간 기반 방역 체계는 효율적이었고 상대적으로 성공을 거두었다.

팬데믹은 이제 과거의 경험이 되었지만, 코로나 바이러스는 끊임없이 변이를 일으키며 진화하고 있다. 최근 동남아시아 지역을 중심으로 코로나19가 다시 확산하고 있다는 소식이 전해진다. 언제든지 변이를 일으키는 코로나 바이러스는 한국에도 상륙할 수 있다. 물론 우리는 백신과 치료제를 갖추고 있어 2020년 때처럼 쉽게 사회가 붕괴하거나 위기를 겪지는 않을 것이다. 하지만 라투르가 지적했듯이, 다가올 파국적 위험의 리허설처럼 다른 형태의 바이러스가 우리에게 찾아올 수 있다.

이 책은 많은 이의 도움 없이는 완성될 수 없었다. 세미나에서 '공간'의 문제에 깊이 공감하며 아이디어와 지적 자극을 제공한 인간-동물 관계 네트워크의 구성원들에게 진심으로 감사드린다. 학회나 콘퍼런스에서 비판적인 논평을 통해 끊임없이 논의를 수정하고 다듬을 수 있도록 이끌어 준 과학기술학회 회원 여러분께도 깊은 감사의 마음을 전한다. 항상 연구 과정을 곁에서 지켜보며 때로는 날카로운 비판적 논평을 아끼지 않은 김종미 교수에게도 고마움을 표한다. 2021년 봉쇄 상태에서 한국으로 데려오지 못한 반려견 쏭이는 이제 노견이 되었지만, 여전히 영국에서 행복한(?) 삶을 살고 있다. 헤어질 때 쏭이에게 "반드시 데리

러 올게"라고 약속했던 다짐을 떠올릴 때마다 가슴 한편이 아려 온다. 마지막으로, 일관성 없는 원고를 훌륭한 책으로 만들어 준 동아시아 출판사의 이종석 편집자에게 진심으로 감사한다.

이 책의 4장은 2021년 환경사회학회지 《ECO》에 실린 「코로나19 질병경관의 구성: 인간-동물감염병 경험과 공간 중심방역」(김기흥, 2021) 원고를 수정 및 보완해 수록했음을 알려드린다.

2025년 7월

김기흥

차례

들어가며   4
프롤로그   14

1장 질병 경험

상반된 생존 전략   35
캔자스에서 유럽으로: 스페인 독감   39
바이러스의 탄생   49
공중 보건의 탄생   58

2장 모든 감염병의 기준: 독감

독감의 시대   71
현대 감염병의 원형, 독감 모델의 탄생   74
숫자의 힘: 질병 수학 모델의 전성기   83
독감 질병 경험: 성배인가, 독배인가?   92

3장 코로나19의 확산과 다양한 대응 방법

코로나19 바이러스의 등장	103
코로나19 바이러스 찾기	120
공격적 검사와 격리	130
대구의 대유행과 한국 방역 체계의 형성	135

4장 전례 없는 사태에 대한 상상력: 한국의 방역 전략

전례 없는 정책적 상상력	155
인간-동물 감염병의 질병 경험	159
국가 주도의 '공간 방역'에 근거한 억제-격리 전략	166

에필로그	178
참고 문헌	187

프롤로그

팬데믹이라는 긴 터널

우리는 길고 긴 팬데믹의 터널을 막 벗어났다. 그리고 마치 아무 일도 일어나지 않은 듯 정상적인 삶을 살아가는 것처럼 보인다. 하지만 이상기후로 인해 기록적인 폭염과 한파, 대규모 산불 등을 경험하고 있는 와중에 팬데믹의 공포는 트라우마로 남아 쉽게 마스크를 벗지 못하는 사람들을 여전히 볼 수 있다. 2023년 5월 5일 세계보건기구WHO가 전 세계적인 코로나19 바이러스 감염증으로 인한 '국제적인 공중 보건 비상사태'를 3년 4개월 만에 해제한다고 발표했다. 공식적으로 우리는 코로나19로 인한 죽음의 공포로부터 벗어날 수 있었다. 코로나19 바이러스는 변이를 일으키며 3년 4개월 동안 최소 700만 명의 생명을 앗아 갔다. 감염력이 강력해진 2021년 1월에는 하루에 거의 10만여 명이 사망하는 상황까지 이르렀다. 하지만 133억 회분의 백신이 접종되자 사람들이 면역력을 갖기 시작하면서 바이러스에 대한 방패를 마련할 수 있게 되었다.

그렇다고 코로나19 바이러스가 주변에서 완전히 사라진 것은 아니다. 여전히 바이러스는 우리 주변을 배회하고 있다. 사람들은 공공장소에서 차마 마스크를 벗지 못한다. 노약자나 기저 질환자 등 바이러스에 취약한 사람들은 마스크를 쓰고 사람들과 거리를 두면서 각자도생의 생존법을 몸소 실천하고 있다. 팬데믹이 공식적인 공중 보건 '비상 상황'인 시기에 정부는 시민들의 이동과 신체 자체에 대한 적극적인 개입으로 바이러스의 범람을 막으려 했다. 시민들 모두에게 백신과 치료제를 공적 부담을 통해 제공했다. 검사와 치료에 들어가는 비용을 모두 국가에서 부담한 것이다. 하지만 현재 감염자들은 휴가를 내면서 자가 격리를 할 수밖에 없으며 검사와 치료에 대한 개인 부담도 증가하고 있다. 질병 감염에 대한 부담을 개인에게 돌리면서 다시금 '각자도생'의 생존법으로 돌아가야 하는 기로에 서 있다.

바이러스는 끊임없이 변이를 일으키면서 자기 변신을 거듭한다. 이것이 바이러스가 생존하는 방법이다. 인간은 이렇게 변신하는 바이러스에 끊임없이 대비하고 면역력을 얻으려 시도한다. 이 또한 인간의 생존 방법이다. 서로 상이한 생존법을 갖고 있던 생물종이 만나는 것은 매우 드문 일이다. 사회·문화적 연결망의 밀도가 높아진 현대사회에서 이 두 생물종의 조우는 치명적인 결과를 가져왔으며, 예상치 못한 전 세계적인 팬데믹으로 이어졌다. 오늘날 팬데믹이 가능하게 된 원인과 조건은 무엇일까? 그리고 '방역'이라는 인간의 대응은 어떤 방식으로 진행되었을까?

이 책은 단지 코로나19에 대한 일반적인 성격이나 과정을 다루는 것을 목적으로 하지 않는다. 대신 질병에 대한 대응, 즉 '방역'이라는 모호하고 추상적인 개념 이면에 존재하는 역사와 개념의 형성 과정을 살펴볼 것이다. 특히, 한국 사회에서 팬데믹이 미친 영향과 충격은 다른 국가들과 비교할 수 없을 정도로 크다. 한국은 21세기가 시작되면서 인간과 동물의 감염병 확산으로 사회 전체가 멈추거나 충격의 여파에서 헤어나지 못한 경험을 반복해 왔다. 사스SARS라 불린 급성 호흡기 증후군(2003)으로 시작해, 다른 나라들보다 발 빠르게 대처한 신종플루(2009), 수백만 마리의 돼지와 소를 살처분해야 했던 구제역(2010), 구제역 이후 농촌 지역을 얼어붙게 했던 조류독감(2014), 중동에서 갑작스럽게 한국으로 전파되어 한국 사회를 멈춰 세웠던 '메르스MERS'로 알려진 중동 호흡기 증후군(2015), 아프리카에서 시작해 전 세계를 천천히 휩쓸다가 북한을 통해 접경 지역으로 확산했던 아프리카돼지열병ASF(2019), 그리고 감염병의 끝판왕처럼 전 세계를 봉쇄의 공포로 몰아넣었던 코로나19 팬데믹까지 한국 사회는 다양한 종류의 감염병이 지나가는 '감염병 천국'이 되고 말았다.

이 책에서 주목하는 점은 감염병에 대한 방역 방식에 한국 사회가 갖고 있던 특수성이 고스란히 반영되었다는 것이다. 코로나19 바이러스의 확산에 대응하는 이른바 K-방역은 다른 어느 나라와도 구분되는 매우 독특한 지점을 보여준다. 특히, 2019년 12월부터 2020년 5월 사이에 일어난 코로나19의 1차 대유행에 대한 방역 당국과 시민사회의 대응은 이후 코로나19 방역 정책의 기본 프레임을 형성한다. 우리에게 잘 알려진 K-방역을 구성하는 대표 원칙인 '검사-추적-치료test-trace-treat'에 기반한 다양한 대응 방식들, 예를 들어 선별 진료소, 드라이브 스루 검사, 생활 치료 센터는 모두 이 기간에 시작되었기 때문에 코로나19 유행 초기 단계를 고찰하는 것이 매우 중요하다.

개념 틀: 질병 경관

2020년 3월에 이르러 코로나19 바이러스의 확산은 지역적인 수준에서 막을 수 없는 상황에 이르렀다. 세계보건기구는 3월 전반 14일 동안 중국을 제외한 다른 국가들에서 확진자 숫자가 13배로 급증하자, 3월 12일에 전 세계적인 확산을 의미하는 팬데믹Pandemic을 선언했다. 이미 중국에서는 우한에 대해 '극단적'이고 '가혹한' 봉쇄 전략을 결정했다. 이러한 전략은 권위주의 정부에서나 가능한 정책이라고 비판받았다(Qin, Meyers & Yu, 2020; Levenson, 2020). 그럼에도 유럽의 대부분 국가는 팬데믹 초기 방역 실패로 극단적 봉쇄 전략을 따르게 된다. 하지만 한국을 포함한 몇몇 동아시아 국가만 봉쇄 전략을 선택하지 않고 강력한 억제 전략을 선택한다. 한국은 중앙 집중적 억제 전략을 채택하면서 여타 다른 국가들과 비교해 효과적으로 코로나19의 확산을 막은 국가로 평가받고 있다(Scott & Park, 2021). 특히, 검사-추적-치료 전략은 전국적인 봉쇄나 이동 제한 없이 성공적으로 질병 확산을 억제했다. 한국의 방역 성공 요인은 공격적인 진단 검사와 추적 기술 그리고 메르스의 실패에서 얻은 제도적인 교훈에서 찾는다. 검사-추적-치료 전략이 상대적으로 성공을 거둔 것은 사실이지만 이것이 모든 것을 설명해 주지는 않는다.

또한 이 책의 목적은 한국의 방역 정책에서 보여준 방

역 전략 이면에 존재하는 질병 경험적 요소에 대한 고려를 통해 현재 방역 전략의 특성과 문제점을 찾는 것이다. 현재 방역 전략이 보여준 상대적 효율성을 설명하기 위해 2000년대 반복적으로 발생한 인간-동물 감염병의 '질병 경험disease experience'이라는 요인을 고려할 필요가 있다. 특히, 사스, 조류독감, 구제역, 메르스, 아프리카돼지열병의 확산과 대응의 경험은 고스란히 현재 한국의 방역 전략에 반영된다. 이 질병 경험의 근간에 존재하는 인간-동물 감염병의 질병 경험은 대부분 '공간'에 대한 방역에 집중하고 있다. 따라서 어떻게 이러한 공간이 구성되는가를 고찰할 필요가 있다. 이 책은 한국 방역 전략의 독특한 특성이 단순히 기술적 요소나 특정 사회적 요인으로 환원될 수 없다는 점을 보일 것이다. 또한 동물-인간 질병 대응을 통해 형성된 질병 경험의 제도화institutionalisation of disease experience 과정을 분석할 것이다.

한국이 선택한 방역 전략의 특성 중에 두드러진 점은 행위자의 개별 행동 방식에 대한 변화를 기대하는 방역 전략과는 상당히 다른 모습을 보인다는 것이다. 현재 유럽 대부분의 국가가 선택한 전략은 개별 행위자들의 태도와 움직임에 변화를 유도하는 것이다. 이러한 전략을 '행동 방역'이라고 정의할 수 있다. 반면에 한국은 집합적 행위자들의 감염이 특정 공간에서 일어나고 있으며, 이를 일종의 방역 결절점으로 삼아 질병 통제를 시도하는 전략을 보여준다. 앞으로 상술하겠지만 이것은 '행동 방역'과는 다른 '공간 방역'으로 정의할 수 있다. 특히 공간성이라는 요소를 질병 통제 전략에 하나의 요인으로 부가할 경우, 질병을 바라보는 방식에 근본적인 변화가 나타날 수 있다.

질병은 단순한 물리적 실체보다 물리적 요인(생물학적 요인)과 함께 사회·문화·정치적 요인이 결합하는 복잡한 실체다. 질병은 본질을 스스로 드러내지 않는다. 질병은 증상으로 나타나며 병원체와 환자 면역 체계 간의 상호작용과 신체를 둘러싼 생태·환경, 심지어 정치·문화적 환경과의 상호작용을 통해 그 실체가 가시화된다. 때로는 정부나 방역 당국의 정책과 역학적 통계 모델에 따라 질병의 실체는 전혀 다른 모습으로 나타나기도 한다. 질병에 대한 전통적인 관점은 이러한 질병의 미묘하고 복잡한 특징을 간과해 왔다. 이 고전적 관점은 질병을 다소 고정된 실체로 인식하면서 예측 가능한 질병의 일반적이고 근본적인 속성을 발견할 수 있다고 생각했다.

그러나 최근 신종 감염병, 예를 들어 에이즈나 사스, 메르스, 에볼라, 광우병, 코로나19 등을 경험하면서, 질병은 단순히 외부에 존재하고 고정된 실체가 발현된다기보다 근대적 삶의 방식, 가령 집약적 농업, 산림 훼손, 도시화와 전 세계적인 교역 시스템과 긴밀하게 연관된다는 주장이 새롭게 힘을 얻고 있다(데이비스, 2005; Kim, 2005; 2007; Nguyen, 2010). 신종 감염병의 질병 경험은 항상 병원체와 관련된 문제를 강조한 '병원성pathogenicity'의 문제부터, 감염병의 발생으로 인한 사회 질서의 붕괴를 통제하고 관리하는 '질병에 대한 통치성'의 문제로까지 확장하고 있다(Hinchliffe, Bingham, Allen & Carter, 2017: xiv). 결국 질병의 원인은 '병원체'지만 병원체를 둘러싼 관계망과 시스템에서 병원체의 실체는 사라진다. 질병을 퍼뜨리는 것은 병원체가 아니라 사회 시스템이다. 질병과 관련된 병원체와 환자의 경험에 대한 관심은 가변적이고 비결정적인 질병의 발생과 수행성으로 전환되어야 한다.

질병과 공중 보건 문제를 다루는 사회학자들은 주로 질병의 사회적 경험에 집중해 왔다. 하지만 이들의 관심이 주로 질병에 관한 개인적 경험이나 문화, 사회구조에 집중되면서 질병 자체에 내재되어 있는 수행성과 질병에 대한 지식의 네트워크는 간과해 왔다(Timmermans & Hass, 2008). 최근 과학기술학STS의 사회구성주의에 따르면, 질병은 고정되고 닫힌 실체closed entity라기보다 특정 시공간의 맥락적 우연성과 긴밀히 연관되어 해석이 유연한 실제로 전환될 수 있다. 즉, 질병은 연관 그룹relevant groups이나 경제 조건, 사회·문화적 맥락과 연관된 다양한 방식으로 인식되며 구성된다(Cooter, Harrison & Sturdy, 1999; Cooter & Stein, 2013; Kim, 2007; Rosenberg & Golden, 1992; Sturdy 2013; van den Belt, 1997; Woods, 2013).

사회구성주의적 접근법은 의료·과학적 지식이 다양한 사회적 요인들과 결합되어 구성된다는 점을 강조했다. 하지만 사회적 요인에 대한 결정론으로 오해받을 수 있는 강조와 인식의 다양성에 의존한 나머지, 실제 질병의 물질성과 비인간 행위자로서 질병을 둘러싸고 있는 다양한 비인간 요인들의 네트워크의 중요성을 간과했다는 비판에 직면한다. 특히 브뤼노 라투르와 미셸 칼롱을 비롯한 이른바 행위자-연결망 이론Actor-Network Theory, ANT은 인간과 비인간을 포함한 다양한 행위자가 질병에 대한 지식과 경험을 만드는 데 동일하게 중요한 역할을 한다고 강조했다(Callon, 1986; Latour, 2005). 특히 ANT 연구자들이 질병 연구에 기여한 주요한 측면은 질병의 수행적인 역할에 대한 강조다(Law & Mol, 2011; Law & Moser, 2012; Michael, 2016). 과학기술학자인 앤마리 몰Annemarie Mol은 질병을 병원체와 환자(또는 숙주)라는 엄격한 카테고리에 근거해 설명할 때 다양한 행위자들(여기에는 비인간 행위자인 병원체도 포함된다)이 결합해 만들어 내는 복잡하고 다양한 연결망의 결과로서 질병을 제대로 이해할 수 없다고 비판한다(Mol, 2003). 질병은 단순히 단일한 실체로 이해될 수 없으며, 행위자들이 겪합하는 방식과 시공간적 특수성에 따라 다중적으로 이해되고 수행된다.

사회구성주의가 제안한 질병의 해석적 유연성과 확장 가능성, 그리고 ANT의 인간-비인간 수행성을 함께 고려할 때 질병의 확산과 방역은 사회·생태적으로, 그리고 맥락에 근거한 실천 과정으로 이해할 수 있다. 우선, 질병은 사회·생태적이다. 질병의 발생과 재발생 과정은 질병을 일으키는 다양한 요인이 이미 존재하거나 고정되어 있어 발생하게 되는 인과 과정의 결과가 아니다. 차라리 그 요인들은 항상 비결정적이고 다른 맥락에서 다르게 결합되어 나타난다. 즉, 다양한 요인은 결합 방식에 따라 다른 형태의 질병이 되기도 한다. 또한 질병을 통제하고 관리하는 공중 보건적 통치 행위도 질병 일부분으로 포함해야 한다. 이 책에서 다룰 코로나19의 방역 전략의 특성을 이해하려면 질병 관리와 통제 행위도 질병을 구성하는 하나의 요인으로 포함해야 한다. 질병에 관한 탐구는 단순히 병원체와 환자(또는 숙주)의 관계만으로 설명할 수 없다. 대신, '협치의 레짐regime of governance'을 포함한 수행 과정이 필요하다(Hinchliffe, Bingham, Allen and Carter 2017: 6).

그런데 전통적인 병원체 중심의 설명 방식과 관계론적·수행적 설명 방식 사이에는 긴장이 존재한다. 전자의 설명 방식에서는 병원체와 환자(숙주)라는 이분법적 카테고리의 구분이 엄격하게 유지된다. 그리고 그 관계는 인과론적이다. 반면에 후자는 좀 더 유동적인 형태의 병원체-환자(숙주)의 관계를 설명하고 있다. 이 관계는 항상 맥락에 따라 열려 있으며 해석적 유연성이 존재한다. 전자와 후자 사이의 긴장 관계를 해소하기 위해 질병을 좀 더 총체적으로 이해하려는 시도가 제안되었다. 예를 들어, 사회학자 스티브 힌치리프Steve Hinchliffe와 그의 동료들은 질병을 둘러싼 상황을 개념화해 이러한 긴장을 해소할 수 있다고 주장한다. 그는 "다양한 시공간적 결합을 통해 질병에 대한 새로운 이슈와 문제가 만들"어지며 이를 '질병 상황disease situations'이라는 개념으로 제시했다. 이 개념을 통해 "각기 다른 공간과 제도, 실천 그리고 인간이나 동물, 재료 및 과정이 결합되는 과정을 볼 수 있다"라고 주장한다(Hinchliffe, Bingham, Allen & Carter 2017: 61).

하지만 다양한 요소와 역사적 맥락에 기반해 질병을 이해하려면 좀 더 동적이고 관계를 조망할 수 있는 개념이 필요하다. 더구나 동적이고 관계의 맥락성에 근거한 이해도 특정한 시공간이라는 위치에서 가능할 수밖에 없다. 때로는 이 시공간적 위치는 하나의 국민국가 단위에서 파악될 수 있지만, 때로는 그것이 특정 지역의 시공간적 맥락에서 전혀 다른 형태로 이해되고 발현된다. 심지어 이 두 가지 맥락이 서로 충돌해 갈등을 형성하면서 각기 다른 형태의 질병 및 방역 체계를 구성하기도 한다(김기흥, 2015). 특히, 공간성의 문제를 질병을 이해하기 위한 개념 체계에 포함시키려면 맥락화된 질병 경험을 설명할 수 있는 공간성의 개념이 부가되어야 한다. 질병 경험을 사회·문화적 그리고 물리적 맥락에 위치시키기 위해 '공간성'의 개념과 결합한다면, 위험에 대한 공간적 재개념화에서 실마리를 찾을 수 있다.

특히, 일부 인문지리학자와 사회과학자는 울리히 벡Urlich Beck이 제안했던 '위험 사회'의 개념을 발전시켜 "개인이나 사회집단이 위험에 대해 각자 고유한 시각을 만들어 내고 그 시각을 공간적으로 해석하려는" 시도로부터 '위험 경관riskscape'이라는 개념을 제시한다(Müller-Mahn, 2012; 김은혜, 2015; 황진태·김민영·배예진·윤찬희·장아련, 2019; 장주은·황진태, 2020). 위험 경관이라는 개념은 '위험'이라는 일반적 개념을 시공간적 맥락, 특히 공간적 특성이라는 요소가 중요하게 이해될 필요가 있는 경우에 매우 유용하다. 만일 질병이라는 경험으로 확장해 사용한다면 단순한 위험 경관은 구체적인 물리적 공간의 특성이 강조됨에도 불구하고 개념적 추상성과 일반성으로 인해 구체성을 담아내기 힘들다. 현재 일어나고 있는 코로나19에 대한 다양한 전략적 접근법을 이해하려면, 질병에 관한 구체적인 특성과 해석적으로 유연하게 나타날 수 있는 요소가 더욱 강조될 필요가 있기 때문에, 위험 요소의 의미를 내재하고 있는 개념으로 좀 더 구체화시켜야 한다.

여기에서 아르준 아파두라이Arjun Appadurai가 제시한 접미사인 '경관scapes'을 질병 경험과 결합함으로써 질병 상황이나 질병 자체에 관한 비공간성과 환원론적 한계를 넘어설 뿐 아니라 위험 경관이 보여주는 위험의 물리적, 사회·문화적 공간성의 측면을 결합해 이해할 수 있는 틀을 제공한다(Appadurai, 1996). 아파두라이는 급격한 사회적 전환 과정을 설명하기 위해 이 '경관'이라는 용어를 제시했고, 행위자 집단의 역사적 상황에 따라 구성되는 다양한 측면을 담아낼 수 있다고 보았다. 그는 전 세계에 지구화가 확산하면서 각 지역이 탈영역화되는 상황을 분석하기 위한 개념으로 다섯 가지 경관을 제시했으며, 각기 다른 입장과 상황의 행위자들이 갖고 있는 특정 시각의 자율성 및 중첩성의 가능성을 보여주고 있다.

위험이라는 다소 추상적이고 사회 구성적으로 이해될 수 있는 수준의 문제를 사회 물리적 공간의 개념과 결합시켜 그 안의 동학적 측면까지 파악하려는 '위험 경관'을 제시한 연구자들의 시도처럼, 질병에 대해서도 공간성의 문제와 물질성 그리고 행위자의 수행적 측면까지 모두 포괄하는 개념으로서 질병 경관을 제안할 수 있다. 질병은 단순히 위험의 영역에 포함하기에는 좀 더 복잡하고 집합적이고 사회적인 실천 문제와 연결된다. 질병에 대한 역사·사회·문화적 맥락에 기반한 이해를 조망하는 데 이 '질병 경관'은 질병에 대한 위상공간적topological 접근 이상의 의미가 있다. 단순히 질병 경관은 질병과 관련된 물리적 공간만을 의미하지 않는다. 앞으로 살펴보겠지만 코로나19 바이러스의 확산을 방지하기 위해 물리적 공간을 기반으로 전략을 수립했으나, 그 공간성이 갖는 사회·문화적 특성에 따라 각기 다른 의미를 지니게 된다. 즉, 질병 경관을 통해 특정한 맥락에서 질병이 마주하는 다양한 요소를 가시화할 수 있으며 이들 요소의 발생과 전환 과정을 볼 수 있다.

1장

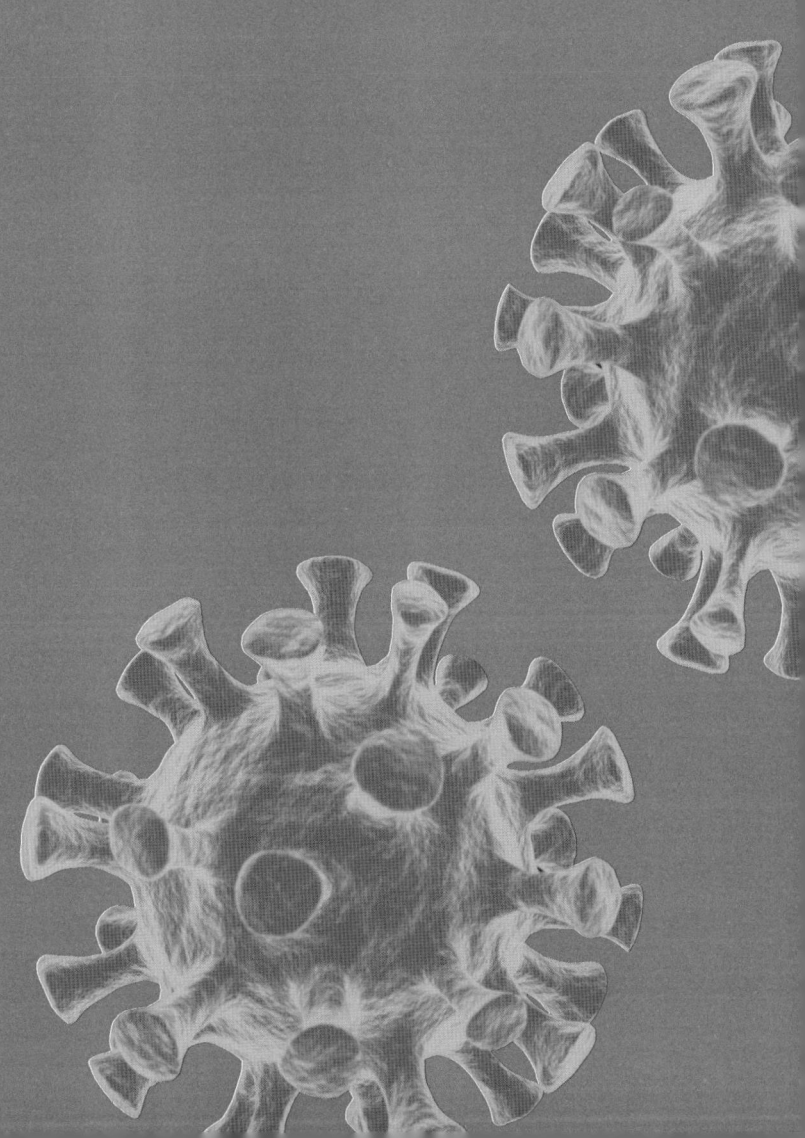

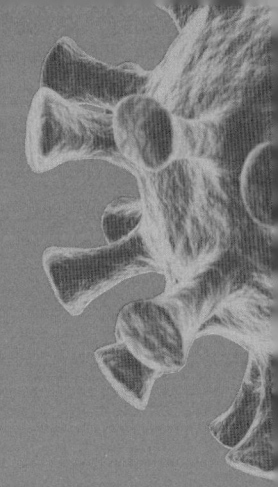
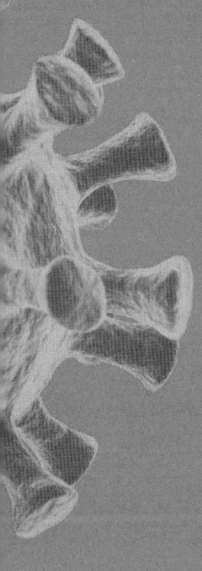

질병 경험

상반된 생존 전략

질병과 인간 사이의 밀고 당기기의 역사는 인간이 문명을 일구고 진화하는 순간부터 시작되었다. 호모사피엔스로서의 인간은 다른 경쟁자 동물들에 비하면 물리적으로 그다지 긍정적인 조건을 갖추지 못했다. 사자나 치타처럼 폭발적인 속도로 먹이를 사냥하는 능력도 없고, 먼 거리의 사물이나 먹잇감을 찾아내는 시각적 능력이나 후각적 능력도 없다. 처음 인간이 나무에서 내려와 생존을 위해 투쟁하면서 인간이 유일하게 사용할 수 있는 것은 비대해진 뇌와 협력을 이용하는 사회적 능력뿐 다른 특별한 장기를 갖추지는 못했다. 그러나 호모사피엔스가 본격적으로 문명을 건설하고 견고한 사회 체계를 구축하기 위해서는 두 가지 매우 중요한 조건이 갖춰져야 했다.

우선, 물리적 한계를 극복하기 위해 인간은 생물학적 조건만이 아니라 비생물학적 요소를 이용해 새로운 조건을 창출했다. 인간이 창출한 새로운 조건은 바로 '협력'이라는 행동이다. 다른 동물들도 협력을 한다. 그러나 인간의 협력은 '사회성'과 '문화'라는 유전자 외부에 구축되는 형태의 진화를 이루었다. 포스트휴머니즘을 연구하는 미국의 영문학자 캐서린 헤일즈Katherine Hayles는 인간이 생존하기 위해 진화 과정에서 채택한 전략은 '덧셈의 진화 전략'이라고 보았다(Hayles, 2021). 인간은 다른 비인간 생물종들과 비교해 열악한 물리적 조건을 극복하기 위해 유전적으로 매우 복잡한 염기 서열을 구축하는 방식의 진화를 이루었다. 동시에 사회·문화적으로 복잡성을 더욱 효율적으로 구축하기 위해 '협력'을 위한 사회성을 갖추게 되었다. 이러한 '더하기' 전략은 진화 과정에서 일어나는 흔한 현상이라고 생각할 수 있겠지만, 대부분의 생물종이 이러한 전략을 채택하는 것은 아니다. 인간이 채택한 이 특이한 전략은 협력과 사회성이라는 특성을 갖도록 만들었다.

문명을 건설하기 위해 호모사피엔스가 갖추어야 할 또 다른 조건은 비인간 생물종을 가축으로 전환하면서 맺게 되는 일종의 '자연 계약natural contract'이다(Serres, 1995). 야생 상태에서 인간에게 적대적이거나 경쟁적인 동물들과의 협력과 공생이 이루어지는 과정을 우리는 '가축화'라고 부른다. 엄밀하게 따지면 서로의 생존을 위해 일종의 암묵적인 계약 관계를 맺으며 공생이 이루어진다. 인간과 비인간 동물 사이의 협력적 계약 관계는 문명 구축의 기반이 되었다. 인간과 비인간 동물 사이의 상호 의존적 관계는 둘 사이의 공동 진화를 가능케 했을 뿐 아니라 동시에 질병을 교환하기도 했다. 동물은 새로운 바이러스의 숙주가 되기도 하고 인간으로 전이되기 전에 매개 역할을 하기도 한다. 더군다나 생존에 필수적인 사회성과 협력이라는 요소를 가지고 살아갈 수밖에 없는 인간은 느슨한 형태로 개별 공간에서 떨어져 생존하기가 어렵다. 끊임없는 교환과 사회적 상호작용을 위해 인간은 일정 공간에서 높은 밀도로 생활하면서 바이러스의 확산에 취약한 약점을 갖게 되었다. 이러한 취약성과 약점에도 불구하고 인간은 가축화된 비인간 생물 종과의 끊임없는 상호작용을 통해 자연에 대한 본격적인 통제권을 구축할 수밖에 없었다. 현재 우리에게 알려진 병원균의 60퍼센트 정도는 동물에게서 유래한 것이며, 새롭게 출현하는 동물 질병의 75퍼센트는 사람에게 감염을 일으킬 수 있는 인수공통감염병이다(Roberts, 2017; Scott, 2017). 최근 우리에게 감염병의 공포를 안겨준 사스, 메르스, 조류독감, 돼지독감, 광견병 등도 동물과 인간의 접촉을 통해 전이된 질병이다.

헤일즈가 지적한 것처럼 인간은 "인지적 복잡성을 증가시키고, 뇌와 신체의 변화와 관련된 언어를 개발하고, 정교한 사회구조를 발전시키고, 최근에는 인공지능을 포함한 고도의 기술 장치로 자신들의 역량을 강화하는 진화적 틈

새 전략"을 성공적으로 이루어 냈다. 반면에, 동물과의 상호작용을 강화하면서 교환되는 바이러스와 같은 병원체는 매우 상반된 전략을 성공적으로 펼쳤다. 바이러스는 자기 자신을 점점 단순화하는 방식, 즉 '뺄셈의 전략'을 통해 "다른 세포를 납치해 증식하는 기제를 이용해 스스로를 복제하는 진화 전략을 선택했다. 바이러스의 단순화 전략은 일반 세포보다 훨씬 작은 유전체를 가지고 빠르고 효율적으로 복제하는 방법을 찾아냈다"(68s). 이처럼 전혀 상반된 전략을 가진 두 개의 다른 생물종이 서로 조우하기란 매우 어렵고 일상적이지 않다. 하지만 바이러스는 끊임없이 자신의 생존을 위해 납치할 수 있는 숙주를 찾아 나서고, 일단 매개동물을 통해 인간에게 전이하는 데 성공하면 밀도가 높은 사회적 공간에 살고 있는 인간들을 납치하는 일은 그리 어렵지 않다.

캔자스에서 유럽으로: 스페인 독감

조우하기 어려운 두 생물종이 만나 강력한 감염병을 일으킨 사례는, 1918년부터 1919년까지 전 지구를 강타한 이른바 '스페인 독감'의 대유행이다. 인플루엔자 바이러스의 세계적 팬데믹으로 당시 전 세계 인구 중 3분의 1인 5억 명이 감염되었고 사망자 수는 2,000만~5,000만 명으로 추정되고 있다(아놀드, 2020; 호닉스바움, 2020). 1918년은 인류에게 최악의 해였다. 1914년부터 세계는 유럽을 중심으로 제1차 세계대전이라는 전대미문의 전쟁 상황에 돌입했는데, 4년 동안의 전쟁으로 약 2,000만 명의 생명이 희생되었다. 이러한 와중에 미국 캔자스주의 하스켈 카운티Haskell County에서 발생한 새로운 종류의 인플루엔자가 전 세계로 급속하게 확산할 것이라고 생각한 사람은 아무도 없었을 것이다. 독감을 일으키는 병원체가 인플루엔자 바이러스라는 사실이 밝혀진 것은 1930년대였다. 하스켈 카운티에서 발생한 새로운 종류의 인플루엔자는 고열과 두통을 비롯해 온몸을 쑤시는 듯한 통증이 수반되었다.

새로운 질병은 항상 노약자만을 표적으로 확산하는 것은 아니다. 좀 더 광범위하게 젊고 건강한 사람들에게도 확산한다. 이러한 이례적 현상은 사회의 공포감을 극대화한다. 일상적인 계절성 독감이나 다양한 감염병은 기저 질환을 앓고 있는 사람이나 나이가 많은 사람에게 주로 발생하기 때문에, 젊고 건강한 사람이 미지의 감염병을 앓는다는 것은 매우 특이한 현상이다. 1918년 하스켈 카운티에서 최초로 독감에 감염된 18명도 대부분 왕성한 활동을 하던 젊은이들이었으며 그중 세 명이 사망한다. 이 새롭고 강력한 인플루엔자의 발생에 대해 보건 당국은 미적지근한 반응을 보였다. 보건 당국은 하스켈의 새로운 독감은 매년 발생하는 계절성 독감의 하나라고 생각했는데, 이러한 판단은 바이러스가 하스켈을 빠져나가 다른 곳으로 이동하게 만든 결정적 계기가 되었다.

문제는 겨우 1,200명이 살고 있는 하스켈이 아니었다. 하스켈 카운티에서 얼마 떨어지지 않은 푼스톤Funstone이라는 곳에 신병 훈련소가 있었다. 제1차세계대전이 한창이던 당시에 미국은 1917년부터 전쟁에 뛰어들었으며 유럽의 전선으로 병력을 보내기 위해 신병 훈련소 32곳을 운영하고 있었다. 푼스톤에서만 한 번에 5만 명의 신병을 훈련시킬 수 있었고, 기초 군사 훈련을 마친 신병들은 바로 유럽 전선에 투입되었다. 하스켈의 새로운 독감은 자연스럽게 푼스톤으로 흘러들어 급속도로 병사들 사이에서 확산하기 시작했다. 캔자스주의 작은 마을 하스켈에서 시작되어 푼스톤으로 이동한 미지의 독감 바이러스는 유럽으로 이동하는 군인들을 따라 자연스럽게 유럽으로 확산했다. 이 과정은 도미노 현상처럼 연쇄적으로 빠르게 이어졌다. 독감 바이러스가 전쟁터로 활동 무대를 이동했다는 것은 매우 중요한 의미를 갖는다. 전쟁터는 많은 사람이 밀집해 있고 전쟁 과정에서 부상과 영양의 문제로 면역력이 약해지는 조건을 창출한다. 여기에 새롭게 등장한 감염력 높은 바이러스까지 더하면 최악의 조합이 될 수밖에 없다.

1918년 봄부터 창궐하기 시작한 독감 바이러스는 미군뿐 아니라 동맹군인 프랑스군과 영국군 사이에도 퍼지기 시작했다. 프랑스군의 30퍼센트와 영국군의 절반 이상이 인플루엔자 바이러스에 감염되었다. 전선을 중심으로 확산하던 인플루엔자 바이러스의 심각성은 전쟁 중 언론 보도를 강력하게 통제하면서 외부로 노출되지 않았다. 그러나 잘 알려진 것처럼 당시 전쟁에서 중립국의 위치를 고수하던 스페인 언론은 유럽에 인플루엔자가 확산하고 있다는 사실을 보도하기 시작했다. 인플루엔자가 주로 기원하거나 확산한 곳은 미국과 영국, 프랑스임에도 불구하고 스페인 언론이 유일하게 이 문제를 보도하면서 이 독감은 '하스켈 독감'이나 '캔자스 독감'이 아니라 '스페인 독감'으로 불리기 시작했다.

보통 계절성 독감은 늦가을부터 바이러스가 활성화되었다가 겨울과 봄이 지나고 여름이 오면 활동이 위축된다. 스페인 독감을 일으킨 인플루엔자 바이러스는 1918년 가을부터 이듬해까지 다시 활동하기 시작했으며 스페인 독감은 더욱 강력하고 심각하게 확산했다. 문제는 1918년 독감의 발생이 군인들의 이동과 깊숙하게 연관되었지만, 이듬해 일어난 2차 확산 과정에서 인플루엔자 바이러스는 민간인에게 급속하게 퍼졌다는 점이다. 1918년 9월부터 12월까지 미국에서 인플루엔자로 사망한 사람들의 숫자는 30만 명에 이르렀다. 스페인 독감의 2차 확산이 전쟁터를 벗어나 민간인 사이에서 급속도로 이루어진 계기는 1918년 11월 11일 제1차세계대전의 종식이었다. 이는 전선에 있던 수백만 명의 젊은이가 고향으로 돌아간다는 것을 의미했다. 전선에서 인플루엔자 바이러스에 감염된 사람들이 귀향하면서 각 지역으로 흩어진 것이다. 인플루엔자 바이러스는 미국과 유럽을 넘어 전 세계로 퍼졌다. 1918년 9월에는 조선 반도에도 도착한다. 만주에서 조선까지 건설된 철도를 따라 남하하면서 일제 치하 조선 전체에 확산했다. 당시 조선의 인구는 1,759만 명이었는데, 이들 중 16.3퍼센트인 288만 4,000명이 인플루엔자 바이러스에 감염되었고, 사망자는 14만 명에 이르렀다. 당시 식민지 조선에서는 이 질병을 무오년 독감戊午年 毒感 또는 서반아 감기西班牙 感氣라고 불렀다(이상건, 2021). 일본도 스페인 독감의 확산을 피할 수 없었다. 무려 25만 명이 목숨을 잃었다.

계절이 바뀌어 여름이 돌아오면서 2차 확산은 힘을 잃었지만, 겨울이 돌아오는 남반구 지역으로 인플루엔자 바이러스가 이동했다. 1919년 1월에 남반구 국가인 호주에서 3차 확산이 시작된다. 물론 3차 확산의 규모와 강도는 2차 확산 때보다 약해졌다. 1918년부터 1920년까지 전 세계 스페인 독감 사망자는 최소한 5,000만 명에 이른 것으로 추정하고 있으며, 미국에서 1918년에 스페인 독감으로 사망한 숫자는 67만 명으로 집계되었다. 독감은 여전히 많은 사람이 감염되는 흔한 질병 중 하나다. 특히, 늦가을부터 시작해 겨울 내내 확산하는 계절성 독감은 기저 질환자나 노약자에게 큰 피해를 일으키기도 한다. 독감은 항상 인간을 괴롭혔고 주기적으로 피해를 입히기도 했다.

그런데 유독 1918년에 발생한 이 독감은 왜 전 세계적인 팬데믹으로 이어졌고 그토록 많은 피해를 입혔는지 그 답을 찾아야 한다. 다른 계절성 독감과 명확하게 구분되는 점은 스페인 독감으로 수많은 젊은이가 희생되었다는 사실이다. 이미 언급한 것처럼 계절성 독감으로 주로 피해를 입은 사람은 노약자였다. 하지만 1918년 인플루엔자의 피해자들 중 많은 사람이 20대와 30대 젊은이였다. 스페인 독감은 다른 계절성 인플루엔자 바이러스보다 훨씬 독성이 높았던 것으로 최근 연구는 밝히고 있다.

보통 바이러스는 감염을 일으키고 재생산하는 데 이용하는 숙주 동물에서 다른 종의 동물로 이동할 경우에 쉽게 증식하지 못하는 경향을 보인다. 서로 다른 종의 생물들은 세포 재생산 메커니즘과 면역 체계가 전혀 다르기 때문에, 바이러스가 한 종의 동물에서 다른 종의 동물로 종간 점프를 했을 경우에 쉽게 활성화하지 못한다. 이를 우리는 '종간 장벽'이라고 부른다. 그러나 1918년 인플루엔자 바이러스는 특이하게도 다른 동물에서 쉽게 증식하다가 인간에게 옮겨와 쉽게 적응하는 모습을 보였다. 즉, 종간 장벽도 아무런 소용이 없었으며 다른 생물종으로 이동한 뒤에도 독성의 변화를 보이지 않았다. 이렇게 강한 독성은 강력한 면역 반응과 염증 반응을 일으킨다. 젊은이들의 왕성한 면역 메커니즘은 이 강력한 외부 바이러스의 침입을 막기 위해 강력하고 활발한 반응을 일으키면서 오히려 약이 되기보다 독이 되는 결과를 가져왔다.

　1918년 당시 사람들은 질병을 일으키는 병원체가 무엇이고 이것을 어떻게 막을 수 있는지 실마리를 찾지 못해 속수무책으로 당할 수밖에 없었다. 독감을 일으키는 인플루엔자 바이러스에 관한 과학적 해명이 이루어진 시기는 15년이 지난 1930년대였다. 유일하게 사람들이 할 수 있는 일은 마스크를 쓰고 사회적 접촉을 중단하는 것뿐이었다. 사실 질병을 유발하는 병원체에 관한 지식도 없었다. 백신이나 치료제도 없었고, 2차 세균성 감염을 막는 항생제도 제대로 갖춰지지 않았고, 치료법도 전무한 상황이있다. 급속한 과학기술의 발전으로 희망 가득한 새로운 20세기를 열었던 사람들은 극심한 절망에 빠졌다. 감염을 막기 위한 공중 보건적인 노력이나 지침은 없었다. 각 도시나 공동체에서 자체적으로 '거리 두기'를 권장하는 정도의 대응만 있었다. 이러한 상황에서 사람들은 공포에 질렸고 사회적 관계는 붕괴되었다.

　돌이켜 보면 스페인 독감이 빠른 속도로 강력하게 확산

하고 엄청난 충격을 일으킬 수 있었던 것은, 바이러스가 최적의 조건을 만났기 때문이다. 바이러스 확산의 완벽한 비극 무대는 바로 제1차세계대전으로 만들어졌다. 제1차세계대전 초기에 미국은 전쟁 개입을 거부하고 있었지만, 1917년부터는 참전을 결정하고 18~45세 남성을 징집하기 시작했다. 유럽 전선에 투입되기 위해 젊은이들은 훈련소와 같은 밀집된 환경에서 지내야 했다.

우연히도 캔자스에서 발생한 1918년 인플루엔자는 급속도로 군인들 사이에 퍼졌다. 특히 진지전으로 악명 높은 프랑스와 독일 사이의 전선에서 열악한 환경과 위생 상태는 새롭게 확산하던 바이러스에게는 완벽한 공격 기회를 제공했다. 그 결과 제1차세계대전으로 사망한 군인은 550만 명이었지만 총 사상자 수는 무려 2,240만 명이었다. 전쟁의 틈새로 확산하기 시작한 인플루엔자로 적어도 5,000만 명이 사망함으로써 역사적으로 가장 비극적인 사건으로 기록되었다.

바이러스의 탄생

새로운 20세기가 시작되면서 사람들은 급속한 과학기술과 의학 지식의 발전과 함께 장밋빛 미래를 꿈꾸었다. 인간의 합리성이 현실화된 과학기술과 의료 지식은 많은 사람을 질병의 공포와 열악한 위생 상태에서 벗어나게 하는 데 중요한 역할을 했다. 하지만 진보와 발전에 대한 낙관론은 새로운 세기가 시작하면서 비관적 분위기로 급속하게 바뀐다. 세기의 전환은 지금의 남아프리카공화국에서 일어난 제2차보어전쟁과 함께 시작되었다. 이 전쟁은 당시 세계의 패권을 쥐고 있던 대영제국의 도덕성과 제국주의 이념에 결정적인 타격을 주었다. 이후 제국주의 체제의 몰락을 가져오는 계기가 된다. 그리고 20세기가 시작된 지 불과 10여 년이 지난 시기에 발생한 비극적인 두 가지 사건, 제1차세계대전과 스페인 독감 팬데믹으로 전 세계에서 적어도 7,000만 명 이상의 사람들이 목숨을 잃었다.

하지만 스페인 독감의 비극적인 결과만 강조한다면 감염병 팬데믹에 대한 전체적인 그림을 정확하게 파악할 수 없다. 1918년 스페인 독감이 대유행할 때 사람들은 정체를 알 수 없는 미지의 병원체에게 속수무책으로 당할 수밖에 없었다. 바이러스라는 개념조차 몰랐던 시절이다. 여전히 감염병은 세균과 같은 병원체가 아닌 나쁜 공기인 미아즈마miasma에 의해 발생한다고 보았다.

질병의 원인이 세균과 같은 병원체라는 사실을 제기한 인물은 19세기 말 프랑스의 과학자 루이 파스퇴르Louis Pasteur였다. 독일의 미생물학자인 로베르토 코흐Roberto Koch도 세균에 의한 질병 발생을 체계적으로 설명하는 '세균병인론germ theory of disease'을 제안했다. 이후 세균병인론은 미아즈마 이론을 빠르게 대체했으며, 코흐는 1876년에 탄저병을 일으키는 탄저균을, 1882년에 결핵을 일으키는 결핵균을 발견했다. 살아 있는 가장 작은 생명체라고 할 수 있는 세균을 거르기 위해 파스퇴르의 제자 샤를 샹베를랑Charles Chamberland은 도자기로 필터를 만들어 세균이 투과하지 못하는 장치를 개발했는데, 이를 '파스퇴르-샹베를랑 필터'라 부른다. 이 필터를 이용하면서 세균을 효과적으로 분리해 낼 수 있었다.

그러나 세균이 통과할 수 없는 필터도 소용없는, 질병을 일으키는 미지의 존재를 인식한 인물은 러시아의 생물학자 드미트리 이바노프스키Dimitri Ivanovsky였다. 그는 러시아 남부 흑해 연안의 크림반도에서 확산하고 있던 담배 모자이크병*에 관한 연구를 진행하면서 파스퇴르-샹베를랑 필터를 이용했다. 담배 모자이크병을 일으키는 병원체가 세균이므로 파스퇴르-샹베를랑 필터를 통과하지 못할 것이라 생각했다. 병든 담뱃잎에서 얻은 추출물을 필터에 통과시킨 뒤에 정상적인 담뱃잎에 주입했지만 다시 병에 걸리는 것을 확인하면서 이 식물에서 발생하는 질병이 세균이 아닌 또 다른 '어떤 것'이라고 주장했다.

이바노프스키 이후 네덜란드의 미생물학자 마루티누스 베이에링크Martinus Beijerinck도 담배 모자이크병을 연구하고

---

* 담뱃잎이 썩어들어 가면서 생육이 제대로 이루어지지 않는 질병이다. 병에 걸린 담뱃잎의 모습이 마치 모자이크와 비슷했기 때문에 '담배 모자이크병'이라 불렸다. 1886년 독일의 농화학자인 아돌프 마이어(Adolf Mayer)가 발견했다.

있었다. 그는 이바노프스키의 실험을 재현하면서 세균의 '독성'이 아니라 또 다른 생명체가 질병을 일으킨다고 확신했다. 실험에서 필터를 통과한 여과액을 배양액에 섞어놓으면 배양액이 증식한다는 사실을 발견했다. 직접 병원체를 확인한 것은 아니지만 간접적으로 세균과는 다른 입자(세균보다 작은 입자)가 질병을 일으킨다고 생각했다. 이 새로운 물질을 감염성 독성 액체contagium vivum fluidum라 불렀고, 짧게 줄여서 '바이러스virus'라 지칭했다.

베이에링크가 이 미지의 병원체에 바이러스라는 이름을 붙인 1897년에 독일의 세균학자 프리드리히 뢰플러Friedrich Loeffler와 파울 프로쉬Paul Frosch는 로베르토 코흐가 설립한 왕립 프로이센 전염병 연구소Royal Prussian Institute for Infectious Diseases*에서 동물에게서 발생하는 다양한 감염병을 연구하며 소, 돼지와 같이 발굽이 두 개인 우제류 동물에게서 발생하는 질병 구제역foot-and-mouth disease의 병원체를 찾기 시

---

* 이 연구소는 1912년 로베르토 코흐의 이름을 따라 로베르토 코흐 연구소(RKI)로 개칭된다.

작했다. 구제역에 걸린 동물의 체액을 파스퇴르-샹베를랑 필터에 통과시키는 실험을 실시했지만, 필터를 통과한 체액은 다른 동물에게서 질병을 일으킨다는 사실을 알게 되었다. 뢰플러와 프로쉬는 다시 샹베를랑의 필터보다 더 촘촘한 필터를 이용해 체액을 통과시키는 실험을 실시한다. 그 결과는 놀랍게도 병원체가 필터를 통과하지 못한다는 사실, 즉 병원체가 샹베를랑의 필터를 통과할 만큼 작지만 뢰플러의 필터는 통과할 수 없다는 것을 의미했다.

이 병원체는 세균보다는 작지만 일반적인 화학물질보다는 큰 입자였다. 동물에게서 일어나는 첫 번째 바이러스성 질환이라는 사실을 알아내는 중요한 연구 성과였다(Brown, 2003). 물론 20세기 초반까지도 바이러스라 불리는 미스터리한 병원체를 시각적으로 직접 확인할 수는 없었다. 여전히 현미경은 이 미지의, 어쩌면 가상의 병원체를 포착할 수 없었다. 그저 여과 필터를 통과하는지 여부를 가지고 판단할 수 있는 존재일 뿐이었다.

1918년 스페인 독감의 세계적 대유행은 학계에도 큰 충격을 주었다. 아무리 과학과 의학 지식이 발전했다고 해도 이 미스터리한 질병의 원인을 찾아내는 일은 쉽지 않았다. 당시 대부분의 연구자는 세균이 독감을 일으키는 원인이라고 의심하며 인플루엔자 병원체를 분리하기 위한 다양한 방법을 시도했다. 그 와중에 미국 록펠러 의학 연구소의 피터 올리츠키Peter Olitsky와 프레데릭 게이츠Frederick Gates는 스페인 독감 이후 인플루엔자 병원체의 정체를 밝히기 위해 다시 한번 파스퇴르-샹베를랑 필터를 이용했다.

1921년에 발표된 이 실험은 두 단계로 이루어졌다. 우선, 인플루엔자에 감염된 환자의 체액을 채취해 실험동물인 토끼에 주입해 인플루엔자와 유사한 증상이 나타나는지 확인했다. 토끼는 인플루엔자 증상을 보였으며, 이 두 실험동물의 체액을 파스퇴르-샹베를랑 필터에 통과시키는 실험을 진행했다. 만일 이 병원체(인플루엔자 추출물)가 필터를 통과하지 못하고 질병을 일으키지 못하면 인플루엔자는 세균이지만, 필터를 통과해 질병을 다시 일으키면 세균보다 훨씬 작은 또 다른 감염 물질이 된다. 올리스키와 게이츠의 실험은 다른 연구자들의 지지를 받지 못했다. 이후 이 실험이 제대로 재현되지 못했기 때문이다. 그럼에도 인플루엔자를 일으키는 병원체가 이미 알려진 세균 중 하나라는 믿음에 균열이 가기 시작했다.

 인플루엔자 바이러스를 분리하는 실험이 본격적인 성과를 보인 시기는 스페인 독감이 일어난 지 11년이 지난 1929년이었다. 미국의 아이오와주에서 갑자기 돼지인플루엔자라 불리는 감염병이 창궐하면서 독감과 증상이 유사하다는 사실이 알려졌다. 록펠러 의학 연구소의 또 다른 연구원이었던 리처드 쇼프Richard Shope와 폴 루이스Paul Lewis는 돼지인플루엔자에 감염된 동물에게서 채취한 샘플에서 세균과 유사한 요소를 발견했다. 이 세균을 분리해 건강한 돼지에게 주입했지만 이상하게도 돼지는 인플루엔자 증상을 보이지 않았다. 즉, 이 세균이 직접적으로 인플루엔자를 일으키는 원인이 아니라는 의미였다. 그렇다면 어디에서 병원체를 분리해 낼 수 있을까? 쇼프와 루이스는 필터 통과 실험을 진행해 보았다. 필터를 통과한 물질을 돼지에 접종했을 때, 약하지만 인플루엔자 증상을 보였다. 그렇다면 병원체가 기존의 세균이나 박테리아가 아니라, 필터를 통과할 수 있는 바이러스라고 주장할 수 있게 된다. 이후 다른 동물실험에서도 유사한 결과를 얻음으로써 인플루엔자 병원체가 세균이 아니라 바이러스라는 사실을 확인할 수 있었다.

하지만 여전히 바이러스가 세균이나 박테리아보다 작은 물질이라는 사실은 과학자들의 간접적인 실험(필터 통과 실험)으로 확인된다고 믿어졌을 뿐 시각적으로 확인된 것은 아니었다. 바이러스가 세상에 특정한 형태로 존재하고 있다는 사실이 확인된 때는 1939년이었다. 담배 모자이크 바이러스를 전자현미경으로 성공적으로 관찰함으로써 기다란 막대기 모양 바이러스의 실체를 시각적으로 확인할 수 있었다(Creager, 2002). 여러 과학 연구를 통해 바이러스의 존재와 특성이 하나씩 실체를 드러내기 시작하면서 바이러스의 정의에 관한 논쟁이 이어져 왔다. 흥미로운 점은 바이러스는 다른 미생물보다 훨씬 작기 때문에 구조가 매우 단순할 수밖에 없다는 것이다. 앞에서 캐서린 헤일즈가 지적한 것처럼, 바이러스는 진화 과정에서 인간과는 정반대의 생존 전략인 '덜어내기 전략'으로 구조가 단순해졌다.

따라서 바이러스는 생물체와 비생물체의 경계선상에 있는 존재이기도 하다. 생명체라고 정의하려면 재생산의 메커니즘이 존재해야 한다. 바이러스는 자체적으로 재생산할 수 있는 기제가 없다. 그래서 재생산을 위해 끊임없이 숙주가 필요하다. 기생을 통해 숙주의 재생산 과정을 납치해 바이러스 입자를 재생산하는 것이다. 이러한 의미에서 바이러스는 생물이라고 할 수 있다. 반면에 바이러스는 에너지를 생성할 수 있는 기능이 없다. 바이러스가 숙주에서 떨어져 외부에 존재할 경우에는 생물이 아니라 입자로 존재할 뿐이다. 바이러스는 숙주 세포의 에너지와 단백질 생산 시스템을 이용해 자기 복제를 하기 때문에 생물로 존재한다. 바이러스는 생존을 위한 가장 적합한 조건을 만들고자 생물과 무생물의 경계를 오가는 이중적인 특성을 갖게 되었다.

공중 보건의 탄생

근대적 공중 보건은 인류 사회가 겪었던 치명적인 질병 경험을 통해 탄생했다고 해도 과언이 아니다. 위생과 공중 보건은 근대사회를 본격적으로 여는 데 매우 중요한 요소였다. 위생 개념과 공중 보건의 중요성이 국민국가의 통치에서 주요한 의제로 등장한 것은 그리 오래된 일이 아니다. 19세기는 사회·문화적인 면에서 과학혁명과 자본주의 혁명의 영향력이 본격화되는 시기였다. 특히, 위생과 공중 보건이라는 개념이 형성되고 다양한 형태로 제도화된 시기이기도 하다. 하지만 위생과 공중 보건이 사회에 필수적인 요소라는 사실에 대한 사회·문화적 합의가 이루어진 전환점은 바로 감염병 확산의 경험이었다. 우리가 살고 있는 근대사회의 형성에 가장 중요한 전환점이라고 평가되는 1848년 영국의 공중위생법 Public Health Act은 당시 200만 명이 밀집해 살고 있는 대영제국의 심장 런던을 주기적으로 괴롭히던 콜레라의 확산과 긴밀하게 연관되어 있다는 사실은 널리 알려져 있다(퀘이조, 2012).

19세기에 들어서면서 영국은 세계의 패권을 쥔 최고의 제국을 건설하고 있었다. 제국의 중심부이자 세계의 공장인 대영제국은 산업혁명을 통해 식민지로부터 값싼 원자재를 수입하고 값비싼 제품을 팔아 엄청난 부를 축적했다. 특히 영국의 런던은 세계에서 가장 많은 사람이 모여 사는 공간이 되었다. 19세기 초반에는 약 200만 명이었다가, 1881년에는 2배로 뛰면서 약 400만 명이 밀집하게 되었다. 동시에 세계 각국에서 유입되는 물품과 인력과 함께 병원체도 런던으로 유입되었다. 인도 갠지스강 삼각주에서 수 세기 동안 풍토병으로 머물러 있던 콜레라는 1817년 동인도회사의 진출로 자연스럽게 인도 전체 지역으로 확산했다. 그리고 콜레라는 결국 런던에 도달했다.

  산업혁명 시기 도시로 몰려드는 값싼 노동자들의 주거 환경은 너무나도 열악했다. 공공 시설도 엘리자베스 1세 시대(1533~1603)에 구축된 것에 의존하는 형편이었다. 런던에 사는 사람들은 가정집 지하에 1~2피트(약 30~60센티미터)의 구덩이를 파놓은 뒤 배설물이 쌓이도록 하는 방식의 화

장실을 사용하고 있었다. 그런 탓에 런던은 악취가 코를 찌르는 비위생적인 공간이 되었다. 게다가 놀랄 만큼 많은 수의 가축을 집에서 키우면서 소와 말에서 나오는 분뇨도 제대로 처리하지 못했다. 우유를 얻기 위해 소를 집에서 키우는 사람들도 많았는데, 그래서인지 도시 전체는 인간과 가축이 뒤섞여 만들어 내는 악취로 가득했다. 비위생적인 환경으로 인해 도시 노동자들의 평균수명은 22세에 불과했다(당시 상류층의 평균수명은 40세를 넘었다). 도시 노동자들이 밀집해 살고 있던 런던 동부 지역(이스트엔드)의 사망률은 녹지가 많은 부자 동네인 서부의 세인트제임스 및 웨스트민스터의 주민들보다 12배나 높았다(케네디, 2025: 279). 도시 노동자들의 집단 주거 지역에서 발견되는 또 하나의 특징은 하수도 시설이 없다는 것이었다. 산업혁명과 도시의 급격한 성장으로 무계획적인 주거지가 형성되었고, 하수도나 식수 시설이 제대로 구축되지 않았다. 영국으로 망명한 칼 마르크스의 후원자이자 동지였던 프리드리히 엥겔스는 당시 맨체스터를 "오물, 폐허, 사람이 살 수 없는 지경인 지상의 지옥"이라고 묘사했다(케네디, 2025: 276).

마침내 1832년 처음으로 콜레라가 런던에서 확산하기 시작했다. 이후 영국에서는 콜레라의 창궐이 4~5년마다 주기적으로 반복되면서 1~2만 명의 목숨을 앗아 갔다. 당시 런던 시내를 압도하던 악취와 비위생적 환경은 당연히 질병을 일으키는 원인이라는 믿음으로 이어졌고, 당국은 질병에 취약한 환경을 개선하기 위해 집집마다 쌓여 있는 배설물을 템스강에 버리도록 하는 불법방해방지법Nuisance Act을 추진했다. 19세기 중반까지 대다수 학자들은 감염병의 원인을 세균이나 병원체에서 찾지 않고 오염된 공기에서 찾았다. 이 오염된 공기를 '미아즈마'라고 지칭했다. 썩어가는 유기물에서 배출되는 '나쁜 공기'가 질병을 일으킨다는 논리를 발전시켰다. 결국 런던을 뒤덮고 있던 악취는 미아즈마의 일종이라고 여겼고, 이를 해결하는 것이 보건 당국이 도시 위생을 확립하는 길이라고 믿었다.

흥미롭게도 1850년대 러시아 남부 크리미아반도에서 벌어진 전쟁에서 병원 위생 시설을 개선하고 많은 사람의 목숨을 구한 플로렌스 나이팅게일이나, 독일의 세균학자이자 보건부 장관인 막스 폰 페텐코퍼Max von Pettenkofer와 같은 이들은 모두 미아즈마 이론이 감염병의 확산을 설명할 수 있는 최선의 이론이라고 여겼다. 미아즈마 이론에 근거해 나쁜 공기를 퇴출하기 위한 영국 보건 당국의 노력은 단기적으로 문제를 해결하는 듯 보였다. 집 안에 쌓아놓던 배설물을 모두 템스강으로 버릴 수 있었기 때문에 거리의 악취는 줄어들었다. 그러나 템스강과 런던의 시민들이 식수로 사용하던 지하수는 모두 연결되어 있었으므로, 템스강이 오염되면서 자연스럽게 식수용 지하수도 오염되었다. 게다가 예측과 달리 콜레라는 사라지기보다는 오히려 더 자주 발생하는 의아한 결과를 가져왔다.

1854년에 다시 콜레라가 확산하기 시작했으며, 이 질병의 발생 원인을 찾기 위해 런던 소호 지구의 의사였던 존 스노John Snow는 질병 발생 지역의 특성과 당시 배설물 처리, 우물의 거리 등을 조사하기 시작했다. 이미 템스강은 런던 시민들의 배설물로 완전히 오염되어 있었다. 질병에 걸린 노동자들이 밀집해 있던 소호 지구에서는 여전히 배설물을 지하에 쌓아놓는 시스템을 유지하고 있었다. 근처에는 소호 지역 사람들이 찾는 우물이 위치해 있었다. 스노가 증명하려고 했던 것은 콜레라가 나쁜 공기에 의해 전파되는 질병이 아니라 오염된 물에 의해 확산되는 수인성 전염병이라는 사실이었다. 1854년 런던 소호 지역에서 발생한 콜레라는 엄청난 위력으로 확산하면서 주민 500명의 목숨을 앗아갔다.

　스노는 우물을 마신 사람 대부분이 콜레라에 감염되었고 우물을 마시지 않은 사람은 콜레라를 피할 수 있었다는 사실을 발견했다. 스노는 발병 진원지와 가까운 양조장의 노동자들은 거의 콜레라에 감염되지 않았다는 사실을 알아냈다. 술을 담그려면 물을 끓여야 했고, 노동자들은 근무 중에는 물 대신 맥주만 마셨다. 스노는 당국을 설득해 물을 길어 올릴 수 있는 펌프의 손잡이를 제거했다. 즉각 콜레라의 확산이 진정되면서 콜레라는 오염된 공기가 아닌 오염된 물에 의해 발생한다는 사실을 증명할 수 있었다(케네디, 2025: 290). 존 스노의 탐정 같은 추적 연구는 이른바 '역학epidemiology'의 기초가 되었다.

스노의 노력은 런던에서 확산하는 콜레라에 대한 경험에 근거한 결과다. 이러한 '질병 경험'은 문제 해결을 위한 제도적 반응으로 이어진다. 스노의 역학 연구를 통해 콜레라의 정체를 밝힌 역사적 사건과 함께 떠오른 중요한 인물은 에드윈 채드윅Edwin Chadwick이다. 당시 영국 정부는 대영제국의 막강한 부와 제국주의적 성공에도 불구하고 엄청난 빈부격차가 사회문제로 대두되고 있었다. 도시로 유입된 저임금 노동자들의 거주 환경이나 위생 상태는 근대사회의 낙관적 비전과는 전혀 다른 지옥의 모습을 연출하고 있었다. 게다가 저임금 노동자들이 밀집해 살고 있는 빈민가의 비위생적 조건은 병원체가 확산할 수 있는 이상적인 공간이었다. 발진티푸스와 콜레라 같은 감염병의 빠른 확산은 저임금 노동자의 삶을 더욱 어렵게 만들었다.

프랑스혁명의 급진주의와 제러미 벤담의 공리주의에 강하게 영향을 받은 채드윅은 1839년 발진티푸스가 확산하자 왕립빈민위원회의 의뢰를 받아 빈민 지역 조사를 실시한다. 3년 동안의 조사를 마치고 발표한 「영국 노동 인구의 위생 상태에 관한 조사 보고서」(1842)에서 빈민 지역의 저임금 노동자들이 경제적으로 곤궁하고 쉽게 질병에 걸리는 원인이 나태함이나 내적 문제가 아니라 이들을 둘러싸고 있는 지옥 같은 생활 환경이라는 사실을 밝혀냈다. 그리고 깨끗한 물을 공급하고 하수를 체계적으로 관리할 수 있는 상하수도 시설의 필요성을 역설한다. 물론 체계적인 상하수도 건설과 공중 보건 위생을 확립하려면 많은 국가 예산을 투입해야 했고, 이에 대한 상류 계급의 반발도 만만치 않았다.

그럼에도 1832년 이래 콜레라가 주기적으로 발생하면서 엄청난 인명 손실을 가져오자 의회에서 긴급하게 공중보건법Public Health Act을 통과시킨다. 1848년 공중보건법의 통과를 주도적으로 이끈 채드윅의 노력은 근대 유럽에서 공중 보건 제도의 확립에 결정적인 역할을 한 것으로 평가받는다. 공중 보건 제도의 성립으로 영국에서 노동자의 사망률은 1,000명당 30명에서 1853년에 이르면 13명으로 줄어들었다. 이후 채드윅의 노력과 의회의 공중보건법 통과는 유럽과 미국 등지에서 위생 개혁 운동으로 확산하는 성과를 가져왔다.

결국 위생 관념과 공중 보건 제도는 질병의 확산과 피해로부터 얻은 경험적 교훈 속에서 지속적인 상호작용을 통해 형성되는 '공동 생산의 과정'이다. 이 장에서 살펴본 것처럼 인류는 끊임없이 질병을 일으키는 병원체와의 상호작용 속에서 진화했고, 이에 대응하기 위해 물리적으로 면역 체계의 끊임없는 변화를 가져왔으며, 동시에 사회제도의 변화를 통해 대응해 왔다(에스포지토, 2023). 이 과정은 많은 학자가 전쟁의 비유로 묘사하듯 일방적인 침입과 방어의 결과가 아니라, 끊임없는 상호작용과 얽힘entanglement의 과정이라 할 수밖에 없다. 질병을 일으키는 병원체는 자신의 생존을 위해 지속적으로 변이를 일으키고 진화해 왔다. 인간도 이들과의 접촉을 통해 새로운 면역력을 구축하고 제도적으로 좀 더 복잡하고 견고한 공중 보건 방역 체계를 만들 수 있게 되었다. 포스트휴머니즘 학자인 캐서린 헤일즈가 지적한 것처럼, 병원체와 인간은 생물공생종species-in-biosymbiosis일 수밖에 없으며, 상호작용과 얽힘으로 서로를 멸종시키는 관계가 아닌 공동 생산하는 관계일 수밖에 없다(Hayles, 2021).

2장

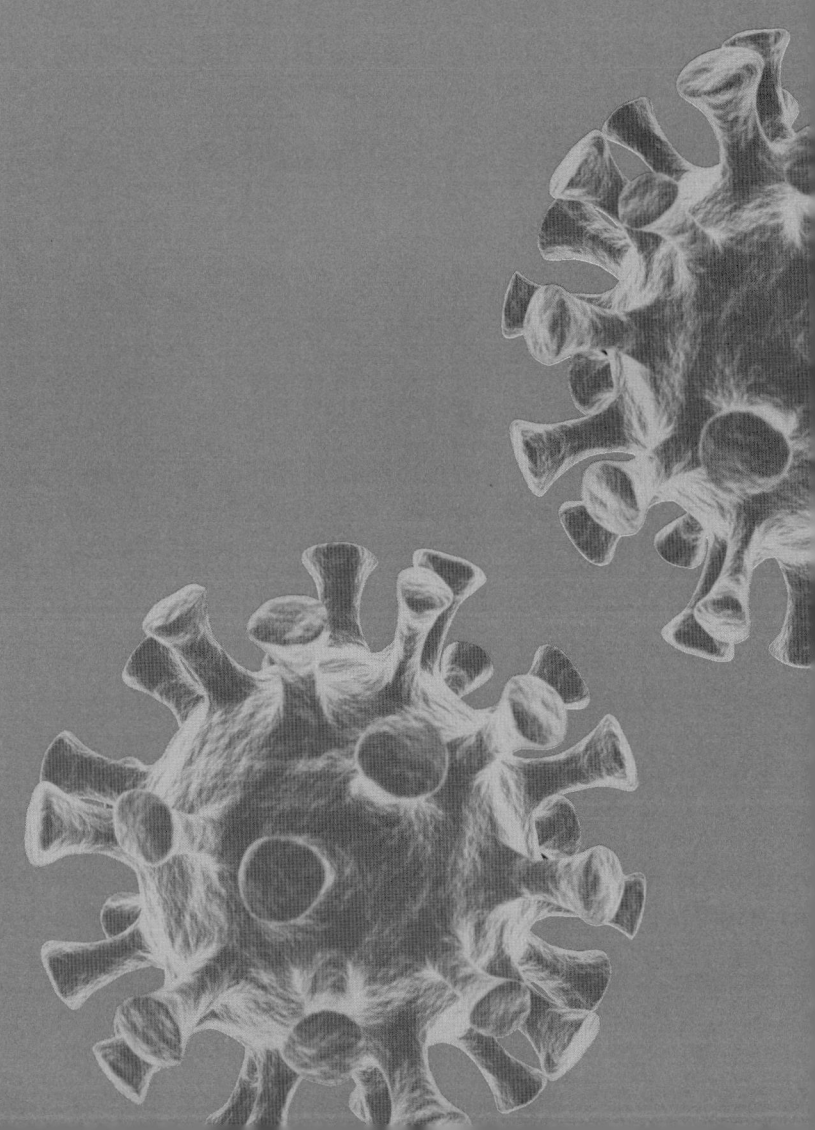

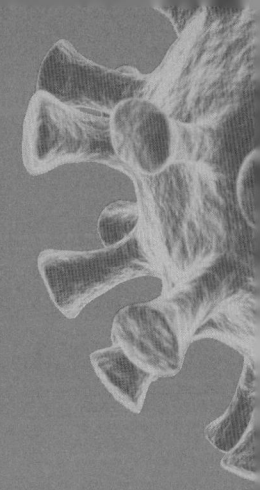
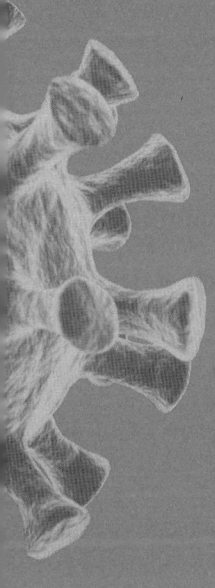

모든 감염병의
기준: 독감

독감의 시대

스페인 독감의 경험은 당시 전 세계에 큰 트라우마로 남았다. 독감의 확산이 때마침 제1차세계대전이라는 전대미문의 학살 전쟁과 겹치면서 전쟁과 질병은 쌍끌이처럼 서구 사회의 심리적 기저에 똬리를 틀고 앉았다. 1347~1351년 약 2,000만 명의 목숨을 앗아 간 흑사병 이후, 전례가 없는 팬데믹인 스페인 독감은 기존 감염병의 확산 패턴과 완전히 다른 모습을 보였다. 일반적으로 감염병이 창궐할 경우 주로 피해를 입는 사람들은 유아와 노약자다. 청장년층은 질병에 견딜 수 있는 면역력으로 빠르게 회복할 수 있다. 그래서 감염병과 계절성 독감이 유행하면 그래프에서 희생자들의 연령이 U자의 커브 모양을 보인다. 즉, 유아와 노약자가 취약하다는 것이다. 그러나 스페인독감은 연령별 사망자 통계에서 특이한 패턴을 보여준다. 다른 계절성 독감이나 감염병에서 보이는 U자 패턴과 달리 스페인 독감은 W자의 패턴을 보인다. 사회적 활동이 왕성한 20~40대 청장년층에서 사망자가 많이 나타났다는 것을 의미한다. 게다가 청장년층은 노약자와 비슷하게 전체 사망자의 절반을 차지했다(호닉스바움, 2020: 78-79).

W자 패턴의 사망자 연령 분포는 무엇을 의미할까? 때마침 세계대전으로 인해 많은 젊은이가 유럽 전선으로 참전했고, 후방에서는 스페인 독감이 몰아닥치면서 일을 할 수 있는 젊은 노동력이 부족해진 현상은 어쩌면 당연한 사태다. 한 세대의 인구 전체가 타격을 입을 수 있는 재난 상황은, 세계대전으로 인한 젊은 인구의 감소와 결합하면서 세계대전 이후 혼란 상황의 일부로 묘사되기도 한다. 그 흔적

은 세계대전이라는 엄청난 충격에 흡수되어 쉽게 잊히는 듯했다.

그러나 여전히 스페인 독감의 충격은 흔적을 남겼다. 공적 활동은 거의 불가능했고, 사람들은 서로 접촉을 피하면서도 사회적 거리는 줄어들지 않았다. 당시 스페인 독감 감염은 다양한 문화적 흔적으로도 남아 있다. 예를 들어, 〈절규〉로 유명한 에드바르트 뭉크Edvard Munch는 이 독감에 감염된 후 겨우 생존했는데, 이후 예술적 작업에 엄청난 영향을 미쳤다. 1919년 그린 〈스페인 독감 이후 자화상〉은 스페인 독감의 충격과 고통을 고스란히 담고 있다. 제1차세계대전 이후 허무주의적 경향과 결합하면서 죽음에 대한 공포는 묵시적 세계관과 함께 다양하게 표현되기도 했다(이향아, 2021).

스페인 독감은 20세기를 지나 지금까지 감염병 방역 체계에 엄청난 영향을 미친 전환점이 되었다. 공중 보건이라는 개념이 겨우 형성되었던 19세기를 거치면서 감염병에 대한 대처와 방역 시스템 구축의 필요성이 본격적으로 제기된 것은 바로 스페인 독감의 질병 경험이 만들어 낸 결과였다. 1930년대 이 공포스러운 질병의 병원체를 본격적으로 연구하면서 이에 대응할 수 있는 체계가 만들어졌다. 공중 보건상의 방역 체계는 1950년대에 이르러 겨우 완성될 수 있었다. 이후 두 차례에 걸친 대규모 독감 유행을 경험하면서 서구 사회에서 '독감'은 중요한 감염병 방역의 주제가 된다. 1957년에 발생한 아시아 독감과 1968년에 발생한 홍콩 독감은 이러한 방역 체계를 공고하게 만든 주요한 요인이다(투즈, 2021: 72-73). 우리가 현재 사용하는 대부분의 방역 기본 시스템은 이러한 '독감의 시대 flu regime'에 구축된 방역 체계의 다양한 변형이라고 해도 과언이 아니다.

현대 감염병의 원형, 독감 모델의 탄생

스페인 독감으로 시작된 20세기 감염병의 역사는 반복적으로 발생한 아시아 독감과 홍콩 독감, 그리고 매년 발생하는 계절성 독감으로 이어지면서 호흡기를 통해 발생하는 다양한 감염병의 '원형'으로 여겨진다. 신종 감염병은 아무런 예고 없이 갑작스럽게 발생해 기존 질서를 무너뜨린다. 신종 감염병의 갑작스러운 확산은 방역 당국과 대중을 공포로 몰아넣기에 충분했다. 경험 데이터가 부재한 상황에서 '미지의 질병'은 항상 새로운 공포의 감정이 포함된 상상력이 동원된다. 공중 보건학자인 앤 켈리Ann H. Kelly는 신종 감염병의 확산에 대한 대응이 요구되는 상황에서는 "전례 없는 사태에 대한 상상력"이 필요하다고 설명한다(Kelly, 2020).

이러한 상상력은 특정한 방식으로 제도화되고 정책으로 실행된다. 미지의 질병은 기존에 사용하던 대응으로 문제를 해결하지 못한다. 그래서 새로운 대응법이 필요하고 여기에는 미지의 질병에 대한 상상력이 동원된다. 항상 새로운 사실에 대한 판단은 준거가 필요하다. 그 준거는 결국 과거 경험에 기반할 수밖에 없다. 아무리 '상상력'이라는 단어를 사용하더라도 그 상상의 준거는 과거 경험에 근거한다는 말이다. 특히 질병에 대한 대응과 (알려지지 않은) 질병의 실체에 대한 상상력을 구체화하는 방법이 필요하다.

그중 가장 효율적인 방법은 바로 질병 '모델'을 만드는 것이었다. 질병 모델을 가장 오랫동안 사용한 국가는 영국이다. 영국은 19세기 콜레라의 창궐에 대해 국가의 개입이 필요하다는 사회적 인식을 갖고, 처음으로 위생법 제정과 공중 보건 확립을 통해 감염병에 대처하는 방법을 가장 효율적으로 제도화시켰다. 이러한 전통 위에서 영국의 방역 정책은 견고하게 잘 짜인 시나리오에 따라 감염병 확산에 대비했다. 전략의 핵심은 이른바 '4단계 방역 전략'인 억제containment, 지연delay, 연구research, 완화mitigate로 요약할 수 있다. 시나리오는 바이러스의 확산 정도에 따라 단계적으로 질병 확산에 대처하는 기본 전략을 담고 있다. 이 교과서적 대응 전략은 대부분의 감염병 확산에 적용할 수 있다. '알 수 없는' 새로운 감염병이 확산할 경우 경제적·인적 피해를 최소화하면서 질병을 억제하고 통제한다는 아이디어를 근거로 방역 전략이 구축되었다고 할 수 있다.

또한 중요한 전제는 질병을 일으키는 병원체가 계절에 따라 활동성이 각기 다르다는 것이다. 다시 말해, 바이러스와 같은 병원체는 겨울철에 가장 활동성이 높고 봄과 여름으로 넘어가면서 활동성이 약해지므로 봄철과 여름철에 확산 속도를 늦추는 전략을 선택할 수밖에 없고 경제적 피해도 최소화할 수 있다는 것이다. 확진자가 적게 나타나는 초기에 감염자를 확인하고 빠르게 격리하는 방식으로 억제 전략을 적용할 수 있다. 하지만 확진자 수가 하루에 300명을 넘어서는 경우에는 초기 단계에 사용하는 억제 전략을 포기하고 지연 전략으로 넘어간다. 지연 전략의 핵심은 국가의 보건 서비스가 수용하는 범위 내에서 환자를 치료할 수 있도록 이른바 '사회적 거리 두기'를 시행하는 방법이다. 학교 폐쇄, 대규모 집회 중단, 재택근무 등 사람들이 서로 접촉하는 기회를 차단함으로써 질병에 대한 적절한 진단법과 치료법, 백신 등이 개발될 수 있는 시간을 벌어두려는 전략이다. 이 단계에서도 여전히 병원체의 확실한 정체는 밝혀지지 않을 것이다. 이렇게 가용한 의료 자원 안에서 감염 확산 속도를 늦추는 것을 목표로 하는 일이 바로 '곡선 평탄화Flattening the curve'의 원칙이다(오철우, 2020: 185).

사회적 거리 두기를 통해 확산 속도가 감소하면, 겨울철에 활동성이 강하던 바이러스성 병원체는 봄과 여름에 들어서면서 자연적으로 활동이 감소한다. 그사이에 이 질병에 대한 '연구'가 진행되면서 진단법, 치료법, 백신 개발까지 이루어진다. 마지막에는 '완화' 단계에 접어들며 국가의 의료 자원 능력이 보존되고 중앙 및 지방 정부, 경찰 등 인력을 이용해 시민들의 이동을 조절·통제한다. 그러면서 경제 활동이 지속적으로 유지되고 국가의 경제적 피해를 최소화

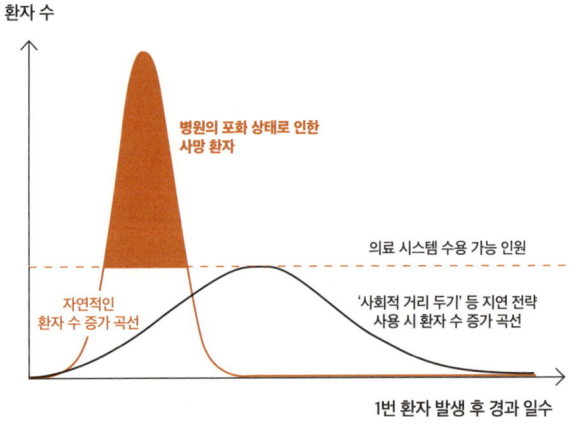

방역 전략과 곡선 평탄화(출처: 미국 질병통제예방센터)

할 수 있게 만든다.

방역 전략과 곡선 평탄화는 미지의 새로운 감염병이 발생해 확산할 때 사용할 수 있는 고전적 접근법이다. 그렇다면 이 접근법의 이면에 존재하는 방역 모델은 무엇일까? 물론 프랑수아 하이스부르Francois Heisbourg가 말한 것처럼, "우리가 현재 가지고 있는 가장 좋은 방법은 격리, 여행 금지, 마스크 착용, 봉쇄, 사회적 거리 두기와 같은 중세적 조치다"(Heisbourg, 2020). 각 국가의 문화적·정치적 차이에 따라 변형된 방법이 존재할 수는 있지만, 지난 수 세기 동안 이러한 방법은 확실히 변화하지 않았다. 좀 더 구체적으로 살펴보면, 앞에서 설명했던 방역 전략과 곡선 평탄화 원칙의 이면에 존재하는 준거가 되는 모델은 일반적으로 인플루엔자, 즉 독감이었다. 독감을 준거로 만들어진 방역 전략과 곡선 평탄화의 원칙은 매우 효율적이고 과학적인 접근법으로 받아들여진다.

독감 모델을 준거로 방역 정책을 수립한 대표적 사례는 영국 정부가 2016년 준비했던 미지의 감염병 발생에 대처하기 위해 수립한 '시그너스 훈련Exercise Cygnus'이다. 이 도상 훈련은 2016년 10월 3일에 영국 정부와 방역 당국이 시뮬레이션을 통해 시행한 훈련이었다. 미지의 감염병이 영국에 도착할 경우 대응 방법, 방역 물자의 동원, 가용한 병실 확보 등을 확인하면서 총체적인 방역 준비 체계를 검토하는 것을 목적으로 한다. 하지만 당시 훈련에 참여했던 영국의 수석 과학자 이언 보이드Ian Boyd를 포함한 관련자들의 증언에 따르면, 당시 영국은 "팬데믹에 제대로 준비되어 있지 않았으며 … 심각한 팬데믹 상황에서 요구되는 극단적 조건에 제대로 대처하지 못했다"라고 주장했다(Horton, 2020).

그렇다면 이언 보이드를 비롯해 영국의 권위 있는 의학 저널인 《랜싯The Lancet》의 편집장 리처드 호튼Richard Horton과 같은 전문가들은 왜 시그너스 훈련처럼 감염병에 대한 준비성preparedness이 제대로 갖추어지지 않았는지 질문할 수밖에 없었다. 훈련의 전제와 대상이 바로 '미지의 감염병'이 아니라 '독감 팬데믹'에 대한 대응이었다는 점이 문제의 이면에 있었다. 방역 전략 기저에는 '독감 모델'이 자리 잡고 있다. 영국의 방어 전략을 구성하는 데 주요한 고려 대상은 지난 100년 동안 주기적으로 발생해 온 독감 대유행이다. 물론 영국 사회에서는 1921년 스페인 독감과 1969년의 홍콩 독감의 경험이 엄청난 충격을 주었지만, 21세기에 들어서면서 사스나 지카Zika 바이러스의 확산 경험으로 다른 감염병도 영국에 영향을 줄 수 있다고 생각하게 된다. 예를 들어, 2003년 사스가 전 세계적으로 확산하면서 영국의 독감 경험 중심 방역 모델에 다양성을 줄 수 있었지만, 다행스럽게도 사스는 영국에 큰 영향을 주지 않았다. 그 결과 영국 정부는 "전통적인 공중 보건과 감염병 방역 조치로도 충분히 신종 감염병을 막아낼 수 있다는 자신감을 갖게 되었다"(Cabinet Office, 2008).

대신 2009년 세 차례에 걸쳐 닥친 H1N1형 신종 플루의 확산은 영국의 감염병 방역 정책에 좀 더 큰 영향을 미쳤다. 당시 신종 플루의 확산에 대비하기 위해 독감 백신과 치료제인 타미플루를 과도하게 보유하면서 감염병 방역 전략을 수정하게 된다(Goodle, 2010). 신종 감염병이 확산할 경우에 '최악의 경우에 대비한 시나리오worst case scenario'를 준비해 온 영국 방역 당국은 신종 감염병이 일으킬 피해가 크지 않을 것이라는 결론에 도달한다. 2010년 독감 확산도 효과적으로 대응하면서 기존 전통적인 방역 체계에 대해 자신감을 얻는다.

하지만 독감에 기반한 전통적인 방역 체계의 자신감은 결국 '안일함complacency'으로 이어진다. 이런 안일함은 지카 바이러스의 확산과 메르스의 확산이 영국을 비껴가면서 더욱 강화된다. 당시 신종 감염병에 대한 대책이 '최악의 경우에 대비한 시나리오'에서 '적당한 수준의 최악의 경우에 대비한 시나리오reasonable worst case scenario'로 변경된다(Freedman, 2020). 이 추상적이고 모호한 '최악의 경우'와 '적당한 수준의 최악의 경우'의 차이가 엄청난 결과를 가져온다는 사실을 코로나19의 확산에서 확인할 수 있다. 결국, 영국의 이른바 '4단계 전략'으로 알려진 신종 감염병에 대한 행동 전략의 근본 전제는 '알 수 없는' 신종 감염병이 아니라 '독감'에 근거하고 있다.

독감은 서구 국가의 방역 체계의 모델 질병이 된다. 즉, 독감이 모든 감염병의 준거가 된다는 말이다. 이를 우리는 '독감 체계flu regime'라 부를 것이다. 방역의 기본 모델은 '독감 체계'에 근거한 것이고, 이는 지배적인 방역 패러다임이 되었다. 과학자들은 이 패러다임 안에서 문제를 해결하는 행위를 반복하게 되었다. 하지만 독감 체계가 지닌 약점은 2019년 코로나19가 중국 우한에서 발생하고 곧바로 다른 국가로 확산하면서 드러난다. 그럼에도 독감 체계는 좀 더 과학적인 '수학'을 이용하면서 사회적 신뢰를 얻는다. 질병의 수학 모델은 '독감 체계'를 굳건하게 만드는 방법론이 된다.

숫자의 힘: 질병 수학 모델의 전성기

근대사회의 핵심은 모든 것이 '숫자'로 조직화되고 표준화된다는 점이다. 근대성의 탄생과 확산을 역사적 사례 연구를 통해 규명했던 프랑스의 철학자 미셸 푸코Michel Foucault는 숫자로 조직화되고 표준화된 사회를 연구하면서 '통계'

에 근거한 '인구'의 탄생에 집중했다(푸코, 1999; 2011; 2020). 근대 이전에는 사회의 기본 단위가 그저 '개인'이거나 봉건 영주가 다스리던 '영지'였다. 그러나 17~18세기부터는 사회를 구성하는 기본단위를 '인구population'에서 찾기 시작했다. 개인은 통계적으로 기록되는 인구의 구성 요소일 뿐이었다. 인구는 군대, 병원, 학교, 감옥과 같은 사회조직으로 체계화되고 표준화된다. 여기에서 핵심은 바로 '숫자'에 관한 믿음이다. 사람들은 왜 숫자를 의심하지 않고 받아들이는가? 숫자는 왜 신뢰의 기반이 되는가? 통계statistics라는 단어가 '국가의 과학science of the state'이라는 의미를 지니고 있는 것처럼 근대국가의 관리 체계에서 통계는 매우 중요한 역할을 한다. 인구, 국민총생산, 실업률, 사망률 등 근대적 삶의 모든 것은 숫자로 표현된다.

질병, 특히 감염병에 대한 사회의 대응은 19세기 공중 보건과 공중위생이라는 방식으로 제도화되고 구체화되었다. 물론 여기에서도 숫자는 중요한 역할을 한다. 숫자로 재현되는 사회의 변동은 '통계'라는 과학의 이름으로 표시되고

'객관적 지표'로 사용된다. 19세기 영국의 공중 보건 전문가였던 아서 랜섬Arthur Ransome은 "통계라는 도구를 감염병 연구에 적용하는 것보다 더 합법적으로 사용하는 것은 없을 것"이라고 주장했다(Ransome, 1868: 386). 통계 기법이 질병 연구와 방역에 중요한 역할을 한다는 사실을 보여주는 사례가 있다. 열대 의학에 주목했던 로널드 로스Ronald Ross는 모기가 말라리아 기생충을 옮긴다는 사실을 발견하면서 말라리아 방역을 위해 통계학적 모델링을 도입해 방역의 효율성을 높였다. 그는 열대 의학 분야에서 통계학을 결합해 병리계측학 pathometry을 개발했다(Warwick, 2021: 171).

질병을 매개하는 말라리아 기생충 확산의 통계적 연구가 인간을 괴롭히는 질병에 대한 연구로 본격 확대된 시기는 1970년대다. 영국의 옥스퍼드대학교와 런던의 임페리얼칼리지의 연구자였던 로버트 메이Robert M. May, 로이 앤더슨Roy M. Anderson, 클라우스 디에츠Klaus Dietz의 연구였다. 이들이 개발한 것이 바로 R_0로 대표되는 병원체의 '기초감염재생산지수Basic Reproduction Number'다. 감염자 한 명이 바이러스를 옮길 수 있는 환자의 숫자를 뜻하는 지수로, 이 지수가 1 이상이면 유행이 확산하고 있다는 것을 의미한다. 로버트 메이는 프린스턴대학교의 인구생물학자인 로버트 맥아더Robert H. MacArthur와 함께 이른바 '생태학적 모델링'을 개발하면서 질병 매개체와 숙주의 상호작용에서 Ro로 대표되는 통계적 방법을 통해 질병 통제 정책에 적용하는 방법을 개발한다(Anderson, 2021).

질병에 대한 방역 정책에서 통계적 모델(또는 수학적 모델)이 본격적으로 중요한 지위를 갖게 된 계기는 1990년대 영국에서 확산한 광우병, 즉 소해면상뇌증Bovine Spongiform Encephalopathy, BSE 사태였다. 당시 옥스퍼드대학교와 임페리얼칼리지의 연구자들은 질병의 확산 패턴을 알아내고 질병을 통제하기 위해 개발한 수학적 모델을 적용한다. 1985년 처음 소에서 발견된 광우병은 급속도로 확산하면서, 양에서 발견되는 스크래피와 파푸아뉴기니아의 포레족에서 발견되는 쿠루병, 그리고 산발적으로 나타나는 크로이츠펠트-야코프병CJD과 유사한 뇌의 스펀지 형태의 변형이 나타난다. 연구자들은 이 질병이 아직 발견되지 않은 '슬로 바이러스slow virus'에 의해 발병한다고 믿었지만, 1982년 미국의 생화학자 스탠리 프루지너Stanley Prusiner가 제기한 비정상적 단백질인 프리온 단백질Prion에 의해 발병한다는 주장이 설득력을 얻고 있었다(Kim, 2006). 수의 역학자들의 조사 결과에 따르면, 이 질병은 초식동물인 소에게 동물성 단백질을 공급해 성장을 촉진시키는 집약적 축산법으로 인해 먹이에 동물성 단백질인 육골분meat-bone-meal이 오염되어 일어난 결과라는 사실이 밝혀졌다(Wilesmith, 1998).

이렇게 비정상적인 단백질을 먹은 소가 치명적인 병에 걸리면서 전국적으로 약 440만 마리의 소를 살처분하는 강수를 두게 된다. 몇 년이 지나지 않아 광우병에 걸린 소고기를 먹은 사람들이 '인간 광우병'이라 불리는 변종 크로이츠펠트-야콥병vCJD에 걸려 178명의 젊은이가 사망하는 사건이 발생한다. 옥스퍼드대학교의 로이 앤더슨과 젊은 연구자들은 광우병 확산을 모델로 만들어 효과적으로 소를 살처분해 가축 감염병의 확산을 줄이는 방법을 찾아냈다

(Anderson et al. 1996). 이들이 개발한 수학적 모델링은 새로운 시도였다. 만일 살처분과 같은 방역적 개입이 이루어지지 않는다면 질병이 매우 긴 잠복기로 인해 통제 불능 상태로 확산할 것이라는 경고가 대중들에게는 엄청난 경고음으로 작동했다.

앤더슨을 비롯한 수리통계 전문가들의 모델링에 모두가 찬사를 보낸 것은 아니다. 당시 광우병 확산을 막기 위해 또 다른 질병 모델을 개발하던 수의학 분야의 역학자와 임상 역학자 그룹은 광우병 통제를 위해 적용한 일률적인 살처분 정책에 비판적인 주장을 내세웠다. 특히, 질병 발생 장소 반경 3킬로미터 내 농장에서 키우던 소를 모두 살처분하는 결정에 비판적이었다. 중앙정부와 방역 당국의 결정은 수리통계학자들이 만든 추상적이고 일률적인 수학적 모델링에 근거하고 있었다. 수의 역학자들은 단순히 '반경 3킬로미터'라는 일률적인 기준을 적용하기보다는 훨씬 복잡한 변수들을 적용해야 한다고 주장했다. 예를 들어, 그 지역의 상황과 지리적 특성을 고려해 질병의 확산 정도에 따라 살처분 여부를 결정해야 한다는 대안을 제시했다. 수의학자 늘이 보기에 수리통계 모델은 매우 결정론적인 수학 모델이었다(Keeing & Woolhouse, 2001).

21세기가 시작되는 시점에 수리통계 모델과 수의 임상역학 모델 사이의 대립은 돼지, 양, 소의 감염력 높은 구제역에 대한 통제와 살처분 방식에서도 지속된다. 영국 남부 지역에서 처음 발견된 구제역 바이러스는 전국으로 매우 빠르게 확산했다. 구제역은 또 다른 대규모 살처분이 필요할 정도로 통제 불능 상태였다. 당시 임페리얼칼리지에 모여 있던 앤더슨과 새롭게 떠오르던 수리통계학자 닐 퍼거슨Neil Ferguson은 질병 확산 예측 모델을 개발해 구제역에 적용했다. 그러나 이들의 수학적 모델은 광우병의 경우와 유사하게 동물종의 특성이나 차이점, 확산율에 대한 고려 없이 균질적인 동물군을 상정해 살처분을 결정한다. 즉, 균일한 공간에 분포된 동질적인 동물군, 확률적인 요소 또는 무작위적인 요소 없이 특정 전파 경로에 대한 매개변수가 생략된 '복잡한 과정의 추상화'의 결과였다(Bickerstaff &

Simmons, 2004; Anderson 2021). 임페리얼칼리지의 수리통계 모델과 달리, 에든버러대학교와 케임브리지대학교의 수의 임상 역학자들은 농장 사이의 거리와 지리적 특성, 감염 확산 패턴의 특성을 고려한 확률론적 모델을 대안으로 제시했다. 시뮬레이션에 기반한 이 모델은 동물군의 이질성을 고려하면서 좀 더 많은 변수를 이용했다.

그러나 광우병과 구제역은 확산 속도와 규모가 보여주는 긴급성 때문에, 신속성이 핵심인 임페리얼칼리지의 모델이, 더 복잡한 시뮬레이션 모델보다 우위에 있었다. 구제역이 빠르게 확산하는 상황에서 R_0값을 1 이하로 유지하는 것은 통계적 숫자가 보여주는 긴급한 메시지로 작동했다. 이는 과학적·정치적 논쟁 과정에서 지배적인 수사적 도구가 되었다. 그리고 R_0값을 1 이하로 유지하기 위해 감염된 농장 근처의 동물은 모두 즉시 살처분해야 한다는 메시지가 수리통계 모델을 통해 정당성을 확보하게 되었다. 구제역이 발생한 후 총 600만 마리의 양과 소가 살처분되었다. 당시 앤더슨과 퍼거슨을 포함한 수리통계 모델을 개발한 연구자들은 수의학자들과 임상 역학자들의 모델이나 접근법이 과학적 판단이라기보다는 '감정적' 판단이라고 대응했다. 살처분을 결정하고 실행하기 위해 냉철한 과학적 판단이 요구되고 '외부자'로서의 거리 두기와 '과학적 객관성'이 중요하다고 강조함으로써 수리통계 모델은 객관적이고 냉철한 과학이 되었다. 임상 역학과 수의학의 접근 방식은 내재적이고 주관적인 과학이라는 구분 짓기 프레임을 이용해 자신들의 입지를 강화했다(BBC News, 2001). 결국 이 추상적인 수리적 예측 모델은 매우 강력한 정치적 기제로 작동했다.

위험을 예측하고 설명하는 데 모델링이 갖는 우월한 입장은 21세기에 매우 특이한 경향처럼 보인다. 앞에서 언급한 것처럼, 숫자로 세상을 설명하고 추상화하는 방식이 선호된 이유는 아마도 20세기 경제 모델의 범람 현상에서 찾을 수 있을 것이다(MacKenzie, 2006). 사회는 숫자를 통한 설명이 점차 증가하고 있다. 세계 보건 지표나 기후 변화를 설명하는 모델링이 대표적인 사례다. 21세기의 질병 예측 모델이 공중 보건과 방역에서 매우 중요한 역할을 하게 되었다는 사실도 이러한 흐름과 따로 떼어놓고 생각할 수 없다.

독감 질병 경험: 성배인가, 독배인가?

이제 우리가 주목해야 할 과학자는 임페리얼칼리지에서 수리통계 모델링을 연구하는 닐 퍼거슨이라는 인물이다. 질병에 대한 확산 모델을 구축했던 로이 앤더슨의 제자인 퍼거슨은 코로나19 방역에서 매우 중요한 역할을 맡았다. 그의 연구팀은 광우병과 구제역 확산 과정에서 중앙정부와 방역 당국의 살처분 결정에 크나큰 역할을 했다. 수리통계 모델링에 비판적이었던 수의학자와 임상 역학자의 대안적 모델과의 경쟁에서도 승리함으로써 공중 보건과 질병 방역 분야에서 수학적 역학 모델의 입지가 매우 강력해진다.

강력한 변종 인플루엔자 A형 바이러스인 H5N1이 2003년경 중국에서 출현해 야생 조류와 가금류를 통해 빠르게 확산하고 때로는 인간에게 치명적인 영향을 미치는 질병이 확산하자, 그들은 인플루엔자 감염 시뮬레이션 모델을 개발한다. 당시 퍼거슨의 연구팀이 사용한 기초 자료는 태국에서 수집된 데이터를 근거로 구축되었다(Ferguson, 2006). 이 모델을 기반으로 사회적 거리 두기와 함께 표적 예방 조치를 취한다면 질병의 확산을 막는 수준까지 Ro를 낮출 수 있다고 판단했다(Ferguson et al, 2005). H5N1의 확산에 피해를 입은 태국의 데이터를 기반으로 영국에 대한 모델을 만든다는 것은 어쩌면 어불성설처럼 보일 수 있다. 지역사회의 구조, 관습, 습관, 가축 관리 방식 등 고유한 맥락성을 무시하고, 인구밀도와 사회적 접촉 빈도 등 단순한 요인만으로 일반화하는 모델을 만들었기 때문이다. 그럼에도 감염병의 발생과 확산 과정에서 일어날 수 있는 긴급성과, 방역 정책적 판단이 다양한 요인의 상호작용을 고려하기 이전에 내려져야 한다는 문제로 인해, 자신들이 개발한 수리통계 모델이 작동할 수 있다고 주장했다(Lipsitch et al, 2009).

임페리얼칼리지의 수리통계 모델이 다시 주목을 받은 것은, 스페인 독감을 일으켰던 동일한 바이러스인 인플루엔자 A형 H1N1의 독감 대유행 때문이었다. 이 독감은 2009

년 3월 미국 캘리포니아주 샌디에이고에서 시작되어 빠르게 확산하면서 전 세계적으로 약 26만 명이 감염되고 약 1만 4,300명이 사망한 것으로 알려졌다. 이때 퍼거슨 연구팀의 수리통계 모델은 중요한 방역 정책의 기본 자료로 제공되었다. 연구팀의 리더였던 퍼거슨은 미 의회 과학기술위원회에서 신종 독감의 확산으로 전체 인구의 2퍼센트가 피해를 입어 사망할 수 있다고 예측했다. 최악의 경우에는 잠재적인 사망자가 약 6만 5,000명에 이를 것이라고 예측했다. 하지만 이후 수정된 모델을 통해 사망률은 0.4퍼센트 정도 될 것이라고 보았다. 실제 사망률은 0.1퍼센트에 불과했다(김기홍, 2020: 279).

이 수리통계 모델이 갖는 단점, 즉 사회·문화적 맥락을 무시한 채 극단적으로 추상화하고 단순화한 모델로 인해 예측의 정확성이 떨어짐에도 불구하고, 수리통계 모델에 대한 정책 결정자와 방역 당국의 신뢰가 지속되는 것은 이 모델이 갖는 이른바 '객관적 과학의 힘' 때문이었다. 지리적으로 한정되고 일반화하기에 부족한 태국의 독감 데이터

(H1N5)를 가지고 팬데믹 수준의 H1N1 신종 플루의 확산을 정확하게 예측하는 것은 과학적으로 설득력이 떨어질 수도 있다. 하지만 숫자의 힘은 이러한 신뢰의 위기를 극복할 수 있는 원동력이 되었다. 수리통계 모델은 2019년 중국 우한에서 미지의 감염병이 확산하면서 다시 그 힘을 보여준다.

앞에서 언급한 것처럼, 영국은 공중 보건과 감염병 방역에서 패러다임 사례와 같은 역할을 해왔다. 정책 결정에서 과학과 의학에 대한 의존도도 매우 높다고 할 수 있다. 이러한 경향은 '철의 여인' 마거릿 대처Margaret Thatcher 수상의 언급에서도 명확하게 드러난다. "우리는 온전히 과학자들에게 의존한다. … 전문가에게 의문을 제기하는 것은 무책임한 일이며 오히려 역효과를 가져올 것이다"(Agar, 2019). 영국에서 과학기술이나 의학과 관련된 정책을 결정할 때 전문가들로 이루어진 자문 위원회의 역할은 매우 중요하다. 중국 우한에서 원인 불명의 신종 감염병이 발생하자 영국 정부는 수석 과학자인 패트릭 밸런스Patrick Vallance

를 의장으로 세운 '비상사태 과학 자문 위원회SAGE'를 구성했다. 이 자문 위원회의 목적은 방역 정책을 결정하는 데 전문가들의 자문을 제공하는 것이었다. 당시 이 자문 위원회는 세 개의 하위 그룹으로 구성되었다. 그중 하나가 '과학적 팬데믹 독감 모델링 그룹Scientific Pandemic Influenza Group on Modelling, SPI-M'으로 맨체스터대학교와 워릭대학교, 임페리얼칼리지의 수학 통계 모델 연구팀이 주축이 되어 모델링과 관련된 자문을 담당했다.

질병의 확산 경로와 정도를 예측하고 이에 대한 방역 정책을 결정할 때 수리통계 모델의 영향력은 다른 어느 분야와 비교할 수 없을 정도로 거대한 사회적 자본을 축적할 수 있다. 퍼거슨의 말 한마디는 여느 정치가보다 훨씬 강력한 영향력을 지녔다. 언론에서 일거수일투족을 추적할 정도로 그의 지위를 보여주는 사건을 통해 영향력을 쉽게 짐작할 수 있다. 코로나19 팬데믹으로 영국 전체가 봉쇄(록다운)에 들어간 2020년 5월에 퍼거슨이 여자 친구를 만나기 위해 이동할 때 거리 두기 규정을 위반한 일이 있었다. 그 소식이

신문 기사화되면서 비상사태 과학 자문 위원회에서 사임할 수밖에 없었는데, 그 정도로 그는 셀럽의 지위에 올랐다(BBC News, 2020).

하지만 코로나19의 확산 과정에서 수리통계 모델이 과연 효과적으로 사태의 위급성을 예측했는가의 문제는 논란의 여지가 있다. 그럼에도 수리통계 모델을 통해 질병의 확산 정도를 예측하는 방식에 대한 신뢰는 전혀 훼손되지 않았다. 오히려 코로나19 확산 과정에서 신뢰는 정점에 도달했다. 숫자를 통해 재현되는 질병과 인간의 상호작용은 가장 과학적이고 신뢰성 높은 설명 방식으로 정책 결정에 결정적인 역할을 했다. 특히, 영국 전체의 봉쇄는 물론이고 유럽과 미국의 봉쇄 정책에 가장 큰 영향력을 미친 분야라고 해도 과언이 아니다. 영국 공중 보건 분야의 저명한 소아과 의사이자 런던대학교 유니버시티칼리지런던UCL의 교수인 앤서니 코스텔로Anthony Costello는 "현재 기본적인 공중 보건 접근 방식은 수학 모델링에 밀리고 있다"라고 언급할 정도로 수리통계 모델의 힘은 강력했다(Boseley, 2020).

문제는 이 모델의 기본 전제와 데이터가 '독감'에 기반하고 있었다는 사실이다. 코로나19를 일으키는 병원체와 독감 바이러스는 행동 패턴에 전혀 유사성이 발견되지 않는다. 독감이라는 질병 경험에 근거해 구축된 수리통계 모델이 전혀 다른 행동 패턴을 보이는 코로나19 바이러스에 동일하게 적용될 수 있는가에 대한 의문이 완전히 사라지지는 않았다. 독감을 통해 구축된 모델이 가져온 성공과 이로 인해 형성된 자신감은 오히려 성배보다는 독배로 작용할 수 있었다. 그 우려는 2020년 영국에 도달한 코로나19로 현실화되었다.

3장

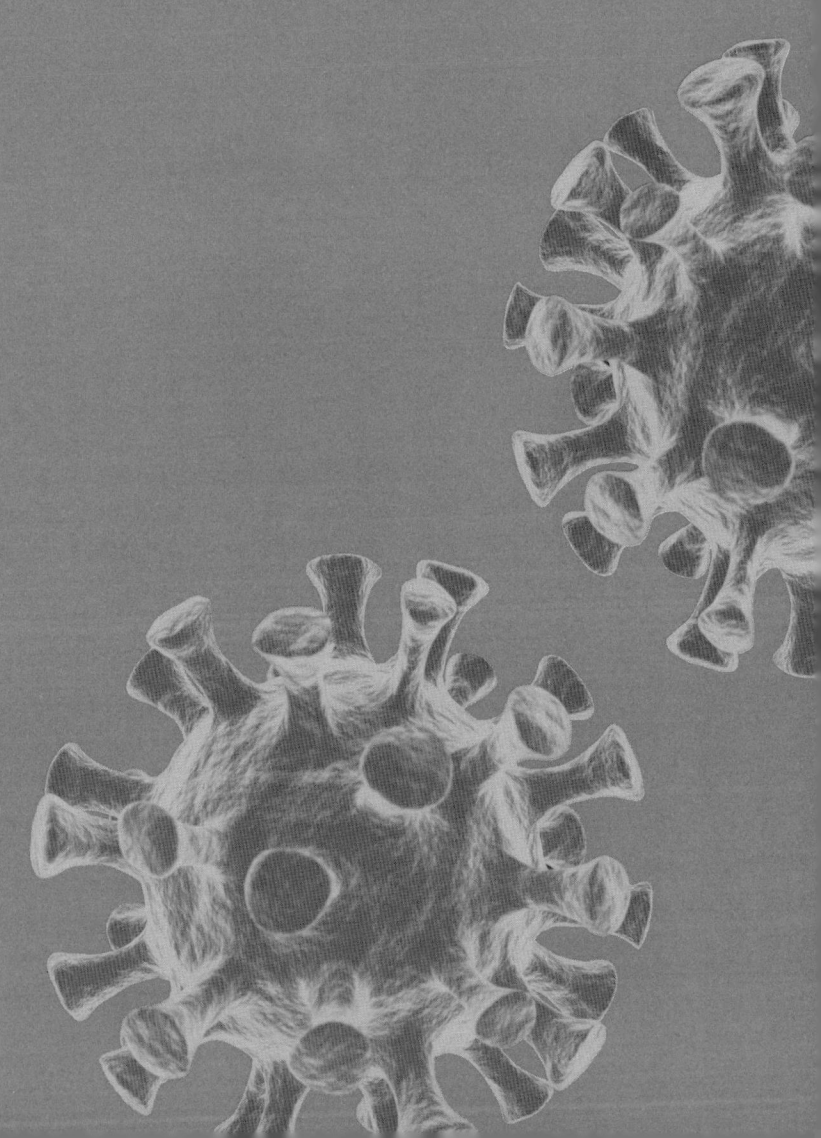

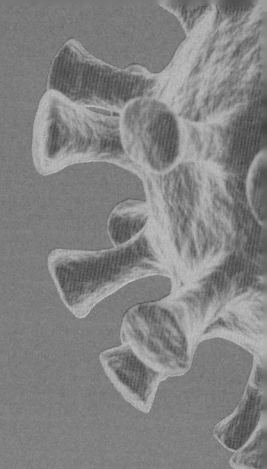
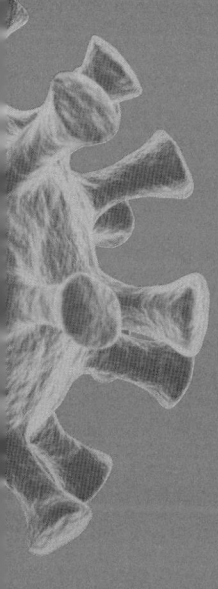

코로나19의 확산과 다양한 대응 방법

코로나19 바이러스의 등장

2002년 가을, 바쁘게 돌아가던 중국 광저우의 한 시장에서 인간은 지금까지 한 번도 경험해 보지 못한 바이러스와 조우한다. 인간과 조우할 기회가 극히 적은 야생 박쥐에 기생하던 바이러스가 식용 사향고양이에 감염을 일으켰고, 마침내 종간 장벽을 넘어 인간의 신체로 넘어갔다. 그리고 2002년부터 1년 동안 전 세계를 공포에 떨게 한 중증급성호흡기증후군, 곧 사스라 불리는 질병이 시작되었다. 처음으로 인간에게 넘어간 이 새로운 병원체는 감기와 같은 증상을 만들어 냈다. 기침, 발열 등 흔한 감기 증상으로 시작했지만, 시간이 지나도 증상은 호전되지 않았고 호흡기에 문제가 발생했다. 중국 당국은 새로운 질병의 확산 사실을 2003년 2월이 될 때까지 국제사회에 알리지 않았다. 중국 보건 당국의 비밀주의는 병원체가 전 세계의 허브 도시라 할 수 있는 홍콩으로 이동하는 시간을 벌어주었다. 병원의 의사와 환자, 그리고 호텔의 투숙객을 통해 확산하면서 자연스럽게 미지의 병원체는 전 세계로 확산되었다. 호흡기를 통해 감염되는 질병의 전 세계적 확산은 대중들의 공포로 이어졌다. 2003년 여름, 사스의 확산이 진정될 때까지 전 세계적으로 916명의 환자가 사망한 것으로 알려졌다(정진원·우준희, 2003).

과학자들은 즉각적으로 병원체의 정체를 알아내기 위한 연구에 돌입해 매우 빠른 시간 안에 정체를 파악할 수 있었다. 환자들에게서 공통적으로 발견되는 바이러스는 '코로나 바이러스'로 27.8킬로베이스kilobase, kb 길이의 RNA로 구성된 것으로 알려졌다(남궁석, 2021: 241). 이 코로나 바이러스는 기존에 과학자들에게 알려진 감기를 일으키는 코로나 바이러스와는 특성이 매우 달랐다. 신종 코로나 바이러스에 대해 세계보건기구는 2003년 4월에 '사스 코로나 바이러스SARS-CoV'라고 명명했다. 지난 1960년대에 발견된 인간 코로나 바이러스OC43와 사스 코로나 바이러스는 염기서열상 43퍼센트만 일치할 뿐 큰 유전적 유사성은 보이지 않았다.

코로나 바이러스가 우리에게 처음 알려진 것은 인간에게 질병을 일으키는 병원체가 아닌 가축에게서 일어나는 호흡기 질환 때문이었다. 1931년 미국 노스다코타주의 닭 농장에서 미지의 호흡기 질환으로 병아리들이 떼죽음을 당하면서 알려지게 된 이 새로운 질병은, 병원체의 정체를 알아내는 데까지 약 6년의 시간이 걸렸다. 1940년에 이르러 생쥐에게서 발생하는 두 종류의 바이러스를 분리하는 데 성공했다. 1960년에 과학자들은 인간에게서 감기 바이러스를 분리하는 데 성공했다. 보통 감기를 일으키는 바이러스로는 리노 바이러스와 아데노 바이러스 등이 있다. 하지만 리노 바이러스와 아데노 바이러스를 배양하는 방법으로는 감기에 걸린 환자에게서 채취한 병원체를 배양하는 데 성공하지 못했다. 결국 5년이 지난 뒤에 배양에 성공하면서 이 바이러스가 기존 독감을 일으키는 바이러스와는 다르다는 사실을 알게 되었다. 1967년 영국 런던의 성 토마스 병원 연구자들은 전자현미경을 이용해 바이러스가 특이하게도 스파이크 모양의 돌기를 갖고 있다는 사실을 알게 되었는데, 이 형태적 특성 때문에 '코로나 바이러스'라는 이름을 얻게 되었다.

코로나 바이러스는 인간과 다른 포유류와 조류에게서 호흡기 질환이나 설사병(주로 소와 돼지에게서 발생), 가벼운 감기 증상을 일으키기도 한다. 하지만 2003년에 나타난 사스-코로나 바이러스는 기존 바이러스와 달리 좀 더 독성이 강했다. 기존 코로나 바이러스는 약한 호흡기 질환이나 감기를 일으키지만, 사스-코로나 바이러스는 사람들에게 치명상을 일으키기도 했다. 보통 계절성 인플루엔자로 인한 치명률이 0.2퍼센트 정도라면 사스는 11퍼센트에 이를 정도로 치명적이었다(참고로 1918년 스페인 독감의 치명률은 2~3퍼센트 정도로 추정하고 있다).

다행스럽게도 사스-코로나 바이러스의 높은 치명률에도 불구하고 코로나19보다는 약하게 중국, 홍콩, 대만, 싱가포르, 미국, 캐나다를 중심으로 확산하면서 큰 피해를 입히지는 않았다. 어떤 이유인지 알 수 없지만 미스터리하게도 이 감염병은 2003년 여름을 지나면서 완전히 사라졌고, 이후에는 다시 발생하지 않았다. 도대체 그토록 위협적이던 바이러스는 왜 자취를 감추었을까? 어떤 이들은 효과적인 공중 보건 조치로 감염을 일으킬 수 있는 사슬이 끊어져 버렸다고 주장한다(Peckham, 2016). 하지만 다른 이들은 다시 야생 상태에서 또 다른 확산을 기다리고 있다고 보고 있다(콰먼, 2022). 몇 년 뒤에 일어날 비극적인 일을 이미 당한 우리는 사스-코로나 바이러스가 어디로 사라져 숨죽이며 다음 기회를 기다리고 있었는지 잘 알고 있다.

코로나 바이러스는 앞의 장에서 다룬 '독감' 바이러스와 전혀 다르다. 독감에 익숙한 사람들에게 코로나 바이러스는 너무나 새롭고 이국적이다. 특히, 사스의 확산 과정에서 알 수 있듯이 동물과 인간이 뒤섞인 중국 광저우의 시장에서 감염이 시작되었다. 그리고 홍콩을 통해 확산하면서 아시아에서 시작된 이국적 바이러스다. 독감은 오랫동안 주기적으로 서구 사회를 괴롭혀 왔다. 1918년, 1957년, 1969년, 2009년 네 차례의 대규모 팬데믹을 거치면서 서구 사회에서 현대적 감염병에 대한 상상된 원형은 '독감'이 되어버렸다. 하지만 코로나는 독감과 사뭇 다른 기원과 숙주와 감염경로를 보인다. 사스-코로나 바이러스와 유사한 바이러스는 박쥐와 조류에 기생하면서 유전자를 보존한다고 알려졌다. 코로나 바이러스의 경우에는 어떤 이유로 박쥐와 같은 포유류나 조류와 함께 안정적으로 기생 생활을 할 수 있을까?

보통 바이러스가 특정 생물종에 침투하면 외부의 존재가 침입하는 것으로 여겨 숙주의 면역 체계는 바로 바이러스를 공격한다. 바이러스는 이를 회피하는 능력을 갖고 있을 경우 숙주의 몸에 성공적으로 침투해 자신을 재생산할 수 있다. 그러나 바이러스의 출현은 숙주에게는 위험 신호이고 면역 체계의 반응이 나타나면서 염증 반응을 함께 수반할 것이다. 그렇다면 박쥐는 어떤 이유로 바이러스에게 안정적인 숙주 역할을 하는 것일까? 박쥐는 포유류지만 조류처럼 날아다닌다. 조류는 비행에 적합하게 가볍지만 포유류인 박쥐는 그렇지 않다. 그래서 신진대사와 면역 체계는 날 때와 쉴 때 전혀 다른 모습을 보여준다. 신진대사의 차이와 체온의 큰 변화로 인해 박쥐는 염증 반응을 최대한 억제하는 메커니즘을 갖추었다. 또한 박쥐는 잠을 자거나 쉴 때 홀로 있는 것이 아니라 군집생활을 하므로 쉽게 바이러스에 감염되기도 한다. 하지만 염증 반응이 최대한 억제되는 상황에서 박쥐의 몸은 바이러스에게는 최고의 숙주가 된다. 이러한 특성으로 인해 박쥐의 몸은 많은 바이러스에게 최고의 저수지가 되고, 분비물을 통해 다른 곳에 흩어지면서 다른 생물종에 감염을 일으키는 것이다(주철현, 2021: 148-149).

박쥐의 몸에서 나온 바이러스는 매개 동물에 감염을 일

으켜 또다시 다른 숙주로 이동하고 이 와중에 우연히 인간과 조우하게 된다. 물론 현대사회에서 박쥐와 인간이 직접 만날 일은 극히 드물다. 인간의 생활 공간과 박쥐의 생활 공간이 매우 이질적이기 때문이다. 그럼에도 도시화와 산림 훼손, 야생동물의 남획이 빠르게 이루어지면서 박쥐-중간 숙주(사스의 경우는 사향고양이, 코로나19의 경우는 천산갑이 중요한 매개 동물로 의심받아 왔다)-인간 사이의 연결 고리가 쉽게 형성되었다.

인간에게 문제를 일으킨 또 다른 코로나 바이러스는 바로 2015년 한국 사회를 완전히 멈추게 만든 메르스다. 메르스는 명칭에서도 알 수 있듯이 중동 지역에서 주로 창궐한 호흡기 질환이다. 2012년 사우디아라비아에서 급성 폐렴 환자와 신장 질환 환자에게서 또 다른 형태의 코로나 바이러스가 검출된다. 그리고 메르스를 일으키는 병원체는 사스-코로나 바이러스와 유사한 특징을 지니고 있지만, 어느 순간 박쥐에게서 변이를 일으키면서 메르스-코로나 바이러스MERS-CoV라는 이름을 얻게 된다. 처음 메르스-코로나 바이러스가 중동 지역에서 발견되었을 때 학자들은 이 바이러스가 기존 사스-코로나 바이러스보다 유전체의 길이가 좀 더 길고 좀 더 치명적이라는 사실을 발견했다(2019년 대규모의 메르스 확산 당시 치명률은 34.4퍼센트로 다른 코로나 바이러스보다 훨씬 높았다). 사스는 2003년 여름을 끝으로 세상에서 사라졌지만, 메르스-코로나 바이러스는 중동 지역을 끊임없이 돌아다니면서 감염을 일으켜 왔다. 메르스-코로나 바이러스의 매개 동물은 사스의 중간 매개였던 사향고양이도 코로나19의 천산갑도 아닌 낙타였다.

잘 알고 있는 것처럼, 메르스는 2015년 바레인을 방문한 한국인이 감염되어 귀국하면서 국내에 무섭게 확산되기 시작했다. 68세의 첫 번째 환자는 고열, 근육통, 기침과 호흡곤란 증세를 보이면서 지역 병원을 방문했다가 증상이 호전되지 않아 경기도 평택 성모병원에 입원하면서 알려졌다. 이후 186명의 환자가 감염되었는데, 이들 중 37명의 환자가 사망하면서 한국 사회는 중동에서 온 미지의 바이러스에 대한 공포와 충격에 빠진다. 사람들의 경제활동은 중지

되었고, 대면 접촉을 피하면서 2015년 한국의 경제 성장률은 0.15퍼센트에서 최대 1퍼센트까지 감소하는 결과를 가져왔다. 2015년 5월 말부터 시작된 이국적 질병의 확산은 서울과 경기도, 아산과 대전 같은 대도시의 병원을 중심으로 급속도로 확산했다. 흥미로운 사실은, 주로 중동 지역에 국한해 발생하던 바이러스성 감염병이 단 한 명의 감염자로 인해 동아시아에 위치한 한국 사회 전체를 마비시킬 정도로 확산했다는 것이다. 이미 2012년 중동 지역에서 유럽으로 확산한 경우는 있었지만, 몇 사람 정도 감염시킨 후 중단된 사례와 비교하면 한국의 사례는 매우 이례적이었다.

2015년 5월 15일부터 17일까지 단 사흘 동안 28명의 가족과 병원 관계자를 감염시키는 엄청난 감염력은 그 자체로 미스터리였다. 보통 메르스-코로나 바이러스는 호흡기의 상기도가 아닌 폐부와 연결되는 하기도lower respiratory tract에서 감염을 일으킨다. 따라서 바이러스가 일단 하기도까지 도달할 수 있을 정도로 오랫동안 상당히 많은 병원체를 포함한 체액에 노출되어야 한다(Kupferschmidt, 2015). 게다가 14번 감염자는 총 85명을 감염시켰으며, 16번 감염자는 23명의 환자들에게 감염을 일으켰다. 이른바 슈퍼 전파자super spreader의 존재는 한국 내 메르스 확산 과정의 특성을 잘 보여준다. 슈퍼 전파자는 메르스에 관한 기존 의학 지식으로는 설명할 수 없는 특이한 성격을 갖고 있어 불확실성을 증대시키기도 했다. 당시 세계보건기구에서 메르스를 담당하던 연구자 피터 벤 엠바렉Peter Ben Embarek은 "첫 번째 환자가 감염을 일으킨 3일 동안 도대체 어떤 일이 일어났는지 알 수 없다"라고 하면서 이 감염병의 혼란과 불확실성을 잘 보여주고 있다(Kupferschmidt, 2015).

메르스의 확산은 메르스-코로나 바이러스가 얼마나 적응력이 뛰어난지 잘 보여주는 사례이기도 하다. 한국에서의 메르스 확산은 기존 메르스 연구자들이 갖고 있던 통념을 깨는 높은 불확실성과 특이성을 보인다. 사우디아라비아에서 44퍼센트에 이를 정도로 높은 독성을 보여주던 메르스-코로나 바이러스의 치명률은 한국에 도착해서는 19.4퍼센트로 주저앉았다. 기존 연구에 따르면, 이 바이러스는 전형적인 비말 감염을 통해 전파되는 경향을 보였지만, 한국에서는 바이러스가 공기 중에 오랫동안 떠돌아다니며 다른 사람에게 전파되는 에어로졸화의 특징을 보이기도 했다. 이는 바이러스가 갖고 있는 고유한 특성일 뿐 아니라, 전혀 다른 환경과 조건에서 바이러스가 어떻게 효과적으로 확산할 수 있는지 그 유연성을 보여주는 흥미로운 사례이기도 하다.

동시에 한국에서만 고유한 특징을 드러내기도 한다. 한국 사회, 특히 한국의 의료 체계가 갖는 특성과 바이러스가 결합하면서 만들어 낸 질병-사회의 구성체적 성격을 고스란히 나타냈다. 한국의 의료 보험 체계에서는 상대적으로 저가의 비용으로 치료를 받을 수 있도록 구성되어 있었다. 이는 보통 병원의 입원실이 1인이 아닌 4인이 공유하는 구조와, 환자 보호를 위해 가족이나 관련자들이 쉽게 상호작용하는 사회적 조건을 창출한다. 이처럼 사회적 밀도가 높은 조건에서는 사람들의 접촉 빈도가 증가해 바이러스의 감염력은 자연스럽게 늘어날 수밖에 없다. 이는 왜 한국에서 단기간에 그렇게 많은 사람이 메르스에 감염되었는지를 설명하는 요인이 되었다(김기흥, 2016).

한국의 메르스 확산은 한국 사회의 보건 시스템이 발견하지 못한 취약한 부분을 드러내는 계기가 되었다. 그리고 바이러스는 항상 고정된 고유의 특성에 의해 행동하는 것이 아니라 조건과 상황에 따라 다르게 발현되고 감염을 일으킨다는 교훈을 알려준 중요한 사건이었다. 아시아와 중동 지역, 그리고 북미 일부 지역으로 확산했던 코로나19 바이러스 변이들의 활동으로 인해 이 지역 국가들은 공중 보건 및 방역 시스템을 대대적으로 정비했다. 2003년 사스-코로나 바이러스의 확산으로 가장 큰 타격을 입은 국가는 대만이었을 것이다. 당시 대만은 중국이나 홍콩보다 많은 181명이 사망하는 엄청난 인명 피해를 입었다(Chen et al, 2005). 대만은 중국과의 국제적 관계 탓에 세계보건기구의 회원국이 아니었기 때문에 효과적으로 바이러스에 관한 정보를 얻을 수 없었다. 게다가 빠른 바이러스 확산과 감염자의 급증 상황에서 응급 시스템의 마비와 정부의 적극적 대응 조치의 실패로 대만 공중 보건 시스템의 취약성을 그대로 드러냈다. 당시 위생복리부(우리의 보건복지부에 해당함) 장관이었던 천젠런陳建仁은 대만의 사스 방역 실패를 기회로 삼아 감염병 대응 시스템의 전면 개편을 주도했다(Yen et al. 2014).

대만의 질병 경험에서 사스가 공중 보건 시스템에 미친 영향이 중대했다면, 한국의 질병 경험에서 메르스는 트라우마와 함께 공중 보건 시스템의 대대적인 개편을 가져왔다. 한국 사회는 메르스에 대처하는 방식에서 나타난 값비싼 실수로 다른 나라들보다 훨씬 큰 교훈을 얻었다. 예를 들어, 미국의 경우 2014년에 두 차례에 걸쳐 메르스가 발생했지만, 다른 사람들에게 확산하지 않았으며 2차 전파도 일어나지 않았다. 그리고 거의 아무도 이 질병의 발생에 관심을 갖지 않았다(Quammen, 2022: 58). 한국에서 메르스의 확산과 감염을 막지 못한 의료 시스템의 취약성은 공중 보건 시스템의 대대적인 정비로 이어진다. 메르스로 많은 시민이 희생되었고, 그 와중에 한국 사회의 병원과 공중 보건 시스템의 문제점이 적나라하게 노출되었다.

메르스가 지나간 후 한국의 방역 체계에서 가장 큰 문제는 확실하게 감염병의 확산을 통제할 수 있는 컨트롤 타워가 없었다는 것이다. 감염병 확산과 방역 정책의 실행을 관리하는 주체는 질병관리본부여야 했다. 하지만 질병관리본부를 지원하고 결정적인 순간에 정책적 결정을 해야 하는 보건복지부와 국무총리실의 협조가 제대로 이루어지지 않았다. 예를 들어, 연금 전문가인 보건복지부 장관이 질병을 관리하는 업무를 결정해야 하는 데 한계가 있었다. 그리고 장관이 결정하지 못하면 질병관리본부장도 제대로 정책을 결정하지 못했다. 게다가 총리실까지 개입하면서 지휘 라인의 총체적 혼란이 야기되었다. 이러한 구조적 문제를 극복하고 질병관리본부에 효율적으로 힘을 보태기 위해 메르스가 확산한 2015년 직후에 질병관리본부장을 차관급으로 승격했다. 코로나19가 발생한 상황에서는 더욱 확실한 컨트롤 타워를 확립하기 위해 질병관리본부를 보건복지부에서 독립시켜 장관급 부처인 질병관리청으로 승격했다(이제

갑·강양구, 2020).

사회 전체적으로 더욱 중요한 변화는 개인 정보 보호와 관련된 변화다. 감염병이 발생해 확산하는 와중에 개인 정보를 어디까지 보호해야 하는지 범위가 달라진다. 메르스의 확산을 거치면서 한국 사회에 던진 중요한 문제는 슈퍼 전파자의 이동과 접촉을 어떻게 추적할 수 있는가였다. 자신도 모르는 사이에 다른 사람들과 접촉하는 바람에 순식간에 감염이 확산되는 상황에서 국회는 '감염병 예방 및 관리에 관한 법률(감염병예방법)'을 개정하며 환자의 카드 사용 명세와 스마트폰 위치 정보 확인으로 접촉자와 동선을 파악했다. 이 법률의 개정으로 지금까지 '개인정보보호법'의 제58조에 대한 해석을 통해 환자나 감염 의심자의 수집을 제한적으로 수행했던 문제를 해결할 수 있었다(유익준, 2018; 최은경, 2020). 이로써 한국의 감염병 방역의 비밀 무기라고 평가된 효과적인 추적 기술을 전개해 나갔다. 환자의 신용카드 사용 내역에서 스마트폰을 이용한 위치 추적, 그리고 역학 조사관의 CCTV 조사를 통한 이동 경로 및 접촉자 추적까지 개인 정보의 침해 가능성에도 불구하고 사회적으로 긴급한 문제는 개인의 자유가 제한될 수 있다는 것을 법적으로 보장한 셈이다(The Government of Republic of Korea, 2020).

문제는 일반적인 인권 침해 상황으로 이어질 수 있다는 사회적 우려와, 대중을 감염병으로부터 보호해야 한다는 공공의 이익이 충돌할 수 있다는 것이다. 앞으로 논의하겠지만, 이러한 문제는 코로나19가 확산하면서 긍정적인 결과와 부정적인 결과의 속성을 모두 포함한다. 한국 사회는 1987년 당시 한국을 지배하고 있던 군사정부의 반인권적이고 비민주적인 정치체제에 적극적으로 저항하면서 인권의 문제와 민주적 의사 결정을 제도화했다. 그러나 감염병의 확산으로 이러한 사회적·제도적 성취는 물거품이 될 수도 있었다. 그럼에도 '사회를 보호해야 한다'는 사회적 합의가 감염병예방법의 수정을 불러온다(Kim & Kim, 2021). 메르스의 확산으로 인한 사회적 '질병 경험'은 또 다른 감염병의 확산에 대한 방역 제도를 마련하는 데 중대한 전환점으로 평가된다(Caduff, 2020; Sridhar, 2022). 또한 메르스-코로나 바이러스가 가져온 피해와 이에 대한 대응은 코로나19가 급속하게 확산하던 초기 단계의 한국에서 매우 결정적인 역할을 했다.

코로나19 바이러스 찾기

2020년은 아마도 인류 역사상 가장 기나긴 역경과 고난의 시간이었을 것이다. 1918년 전 세계를 강타한 스페인 독감 팬데믹 이후 거의 100년이 지나 다시 세상은 공포 속에 마비되었고 텅 빈 대도시의 거리에는 갑자기 자유로워진 야생동물들만 돌아다니는 초현실적인 상황이 벌어졌다. 예전에 사스-코로나 바이러스가 당당한 기세로 전 세계에 확산하면서 사람들을 공포에 몰아넣었지만 알 수 없는 이유로 갑자기 사라졌다. 1년이 지난 후에 과학자들은 당시 중국에서 루왁커피와, 고양이 고기를 얻을 목적으로 사육하고 있던 수많은 사향고양이에게서 사스-코로나 바이러스의 항체를 발견했다. 결국 중국 남부 지역에 서식하던 관박쥐Rhinolophus를 숙주로 삼고 있던 바이러스가 어떤 계기를 통해 사향고양이에게 전파되었고, 이 고양이들은 중간 숙주 역할을 하게 되었다는 것이 과학자들이 밝혀낸 감염 경로 시나리오였다(박한선·구형찬, 2021: 128-129). 갑자기 사라진 사스-코로나 바이러스의 행방이 묘연한 상황에서 사람들은 코로나 바이러스의 변이가 더 이상 인간에게 큰 영향을 미치지 않을 것이라 생각했다.

그러나 2003년 사스의 확산 이후 새로운 변이 바이러스가 발생했고 호주 북부 지역에서 10여 명의 환자들에게서 이 호흡기 질환이 확인되었다. 호흡기 질환을 일으키는 변이 바이러스는 겨울철 후반에 어린이들에게서 발생했다는 사실을 과학자들이 밝혀내면서 인간 코로나 바이러스HCoV-HKU1라고 명명했다. 2005년에는 미국 코네티컷주 뉴헤이븐New Haven의 병원에 입원한 어린이들에게서 이 바이러스가 발견되어 사스-코로나 바이러스가 변이를 일으키고 있다는 사실이 확인되었다. 그러나 이 질환은 널리 확산하지 못했으며, 2005년 미국 뉴헤이븐과 프랑스에서 보고된 이후 확산을 멈추었다.

2012년에 이르러 메르스-코로나 바이러스가 확인되면서 다시 코로나 바이러스가 의학자와 생명과학자의 '관심 영역'에 들어오게 되었다. 비록 메르스가 중동 지역과 한국에서 확산한 후 여전히 소규모로 중동 지역에서 보고되고 있지만 팬데믹을 일으킬 수준으로 확산하지는 않았다. 그럼에도 사스와 메르스가 남긴 충격과 공포는 동아시아 국가들에 각인되면서 방역 대상에 '코로나'가 우선순위에 올라서게 되었다. 각인된 공포가 현실로 전환되기까지 그리 오랜 시간이 걸리지 않았다. 아주 빠르고 거대한 무엇인가가 지평선에서 먼지를 뿜고 굉음을 울리며 다가오듯 전 세계를 휩쓸었다.

최초의 소식은 2019년 12월 중순 중국 우한의 화난 해산물 도매시장에서 일하던 배달원이 쓰러지면서 시작되었다. 정확하게 12월 18일 그는 심한 호흡기 질환으로 병원에 입원했는데 상태는 점점 악화되었다. 의사들은 환자의 폐에서 채취한 샘플을 광저우의 민간 유전체 분석 회사에 보내 분석을 의뢰했다. 결과는 '코로나 바이러스'로 확인되었다. 사스-코로나 바이러스인지 아니면 다른 새로운 코로나 바이러스인지 여부는 확인되지 않았지만, 우한에서 유사한 호흡기 질환으로 병원을 찾는 환자들이 급격하게 늘기 시작했다. 중국 우한 지역의 확산 소식은 소셜 네트워크 등을 통해 외부로 퍼져 나갔다. 특히 사스 확산 당시 가장 큰 피해를 본 홍콩의 방역 당국은 원인 불명의 폐렴에 대해 비상조치를 준비하고 있었다. 하지만 홍콩의 전문가들은 신종 감염병의 정체를 정확하게 파악하지 못했다. 이들은 바이러스가 독감처럼 보여 혼란스러웠고 중국 당국이 홍콩에 직접 이 질병에 대해 통보받는 시간이 늦어지면서 그사이에 질병은 홍콩에 도착하고 있었다(Quammen, 2022: 12).

2019년 12월이 지나고 2020년이 시작되면서 상황이 심각해지자 각국의 과학자들과 방역 당국자들은 더욱 긴장했다. 중국 우한을 중심으로 원인 미상의 폐렴이 급속하게 확산하는 가운데 각국의 과학자들은 질병을 일으키는 병원체의 전체적인 유전체 지도가 나오기만을 기다리고 있었다.

유전체에 관한 전체적인 그림이 나와야 질병을 진단할 수 있는 적합한 테스트 방법과 백신을 개발하고, 나아가 치료제를 개발할 수 있기 때문이다. 하지만 2020년 1월에 이르러 코로나19가 중국을 넘어 인접 국가로 확산하고 있는데도 바이러스의 유전체 지도가 완성되지 않았다. 게다가 질병의 진원지라고 할 수 있는 우한의 연구자들은 환자에게서 채취한 샘플을 면밀하게 조사하면서 처음에는 '독감'과 매우 유사하다고 오해하기도 했다. 2019년 12월 말에 이르러 사스-코로나 바이러스와 매우 유사하며 코로나 바이러스의 일종일 것이라는 결론에 이르게 되었다. 하지만 이러한 혼란은 중국 우한에서 감염이 확산하고 인접 국가로 바이러스가 이동하는 결과를 초래했다. 신종 바이러스는 우한을 넘어 빠른 속도로 중국 전역으로 확산하고 있었으며, 2020년 1월 말까지 중국 내 확진자 숫자는 1만 1,791명으로 증가했다.

바이러스에 감염된 중국의 환자가 한국에 입국한 것은 1월 19일이었다. 전체 유전체 지도가 확보되지 않은 상태에서 한국은 감염의 파도를 막아내야 했다. 한국은 메르스의 방역 실패로 인한 사회적 트라우마를 극복하기 위해 다음번에 일어날 수 있는 감염병 시나리오를 준비해 왔었다. 앞에서 영국의 사례를 통해 논의한 것처럼 21세기에 들어서면서 대부분의 국가들은 신종 감염병의 확산에 대응하고자 여러 감염병 확산 시나리오를 준비한다. 영국의 경우 2016년 시그너스 훈련을 통해 방역 체계를 점검했지만, 그 중심에는 '독감 팬데믹' 대비 시나리오와 훈련이 구성되어 있었다는 사실을 논의한 바 있다. 하지만 한국의 질병 경험은 유럽이나 영국과 다르게 동아시아적 경험을 공유한다. 즉, 조류독감과 사스, 메르스로 이어지는 감염병에 대한 경험을 갖고 있었다. 특별히 메르스-코로나 바이러스의 확산은 2015년 여름을 완전히 멈추게 만든 경험이었다.

하지만 새로운 감염병은 정체를 밝히지 않은 채 소리 없이 다가왔다. 아직 유전체 지도도 확보하지 못한 병원체는 한국으로 슬그머니 들어오고 있었다. 다행스럽게도 첫 번째 코로나19 환자가 발생하기 20여 일 전인 2019년 12월

19일에 질병예방본부는 새로운 감염병의 확산에 대비하기 위한 시나리오에 근거해 도상 훈련을 실시했다. 이 도상 훈련의 주체는 '원인 불명 감염병 진단 분석 태스크포스'라는 민관 자문 위원회였다(이재갑·강양구, 2020: 19). 2015년 메르스의 급습에 속수무책으로 당한 경험이 있으므로 언제 올지 모를 미지의 바이러스에 대비하는 것은 당연한 일이었다. 문제는 시나리오의 대상을 어떤 바이러스로 정할 것인가였다. 이에 따라 전체적인 방역 정책의 방향이 달라질 수 있기 때문이다. 영국을 포함한 유럽의 방역 정책 시나리오가 '독감 팬데믹'을 상정하고 계획을 준비했다면, 한국의 경우는 완전히 달랐다. 2003년 사스와 2015년 메르스의 확산으로 한국 사회에서는 '감염병'이 위험의 주인공이 될 수 있었으며, 이 두 감염병의 공통점은 모두 '코로나 바이러스'였다. 그래서 태스크포스는 '코로나 바이러스의 확산'을 염두에 두고 방역 계획을 준비했다. 코로나 바이러스에 기반한 도상 훈련은 운이 좋게도 20일 후에 정확하게 맞아떨어졌다. 이 작은 선택이 유럽과 전혀 다른 결과를 가져왔다.

도상 훈련에서 특정 코로나 바이러스(예를 들어, 사스나 메르스)를 염두에 둔 것은 아니었다. 대신 힝민이니 공항으로 들어온 환자의 코로나 바이러스 감염 여부를 확인하기 위해 이른바 '범코로나 검사법pan-corona virus test'을 개발했다. 이 검사법은 특정 코로나 바이러스에 대한 유전체 지도가 확보되지 않은 상황에서도 코로나 바이러스의 감염 여부를 확인할 수 있는 기초적인 방법이었다. 다시 말해, 감염 의심 환자로부터 채취한 유전체가 지금까지 알려진 여섯 종류의 코로나 바이러스가 공통적으로 갖고 있는 유전자 부분과 일치하는지 여부를 먼저 확인하는 방법이다. 코로나 바이러스 유전체가 기존의 유전체와 정확하게 일치하지 않을 경우에 신종 코로나 바이러스로 판단할 수 있다. 완전한 코로나19 바이러스의 유전체 지도를 알아낸 시기는 1월 23일이었으며 《네이처》를 통해 출판된 시기는 2월 초였기 때문에, 한국의 방역 전문가들은 완전한 유전체 정보가 나오기까지 기다릴 수 없었다. 유령 같은 새로운 바이러스의 흐릿한 윤곽이라도 알 수 있다면 환자를 격리하고 치료할 수 있었기 때문이다.

 마침내 2월이 되면서 새로운 병원체의 유전체 지도가 완성되었고 그 정체가 서서히 드러나기 시작했다. 우한의 연구팀은 환자의 하기도 깊숙한 곳에서 채취한 샘플에서 바이러스를 배양해 전체 유전체 지도를 그릴 수 있었다. 특히, 완성된 유전체 지도를 확보해 여러 가지 바이러스와 대조하면서 새로운 바이러스가 어떤 야생동물에서 유래했는지 알 수 있었다. 일종의 대조군 비교를 통해 알아내는 방식이었다. 2013년 중국의 윈난성에서 발견된 중간관박쥐에 기생하는 바이러스 RaTG13의 염기 서열이 새로운 바이러스와 96.1퍼센트 정도 일치하는 것으로 드러나면서 바이러스의 기원을 알아낼 수 있었다. 또한 이 코로나 계열의 바이러스가 인간을 포함한 숙주 동물에 도달하게 되었을 때 숙주 동물의 세포와 결합할 수 있는 수용체 결합 영역이 존재해야 했다. 마치 열쇠와 자물쇠의 관계와 같다. 열쇠만 있다고 닫혀진 문을 열 수 있는 것은 아니다. 여기서 자물쇠 역할을 하는 것이 바로 ACE2라는 수용체였다.

흥미로운 사실은 신종 바이러스와 중간관박쥐의 ACE2 수용체의 결합 능력은 상당히 차이가 난다는 것이었다. RaTG13 바이러스는 인간의 수용체 결합에 필요한 아미노산이 다르기 때문에 쉽게 결합하기 힘들다. 즉, 박쥐에서 인간으로 직접 바이러스가 (어떤 형태의 접촉을 통해) 옮겨지는 것은 매우 힘든 일이 될 수 있다는 것이다. 문제는 중간 매개 숙주가 존재할 가능성이었다. 여기에서 등장하는 또 다른 주인공이 천산갑이다. 과학자들은 천산갑에 관한 연구에서 인간에게서 발생하는 이 신종 바이러스와 유사한 바이러스를 발견한다. 그 유사성은 중간관박쥐보다 적은 91퍼센트였지만 수용체 결합 영역이 박쥐보다 훨씬 더 바이러스에 적합한 것으로 나타났다. 즉, 천산갑의 경우 코로나 바이러스가 감염을 일으키는 감염력이 훨씬 높고 강한 것으로 드러났으며, 박쥐에서 인간으로 직접 감염되기보다는 중간 매개 숙주인 천산갑을 통해 감염이 일어난 것으로 볼 수 있다. 이 바이러스는 사스-코로나 바이러스처럼 인간의 ACE2 수용체를 통해 세포에 침투할 수 있으며, 인간뿐 아니라 말굽박쥐, 사향고양이, 돼지의 ACE2 수용체를 이용해 다양한 숙주에 감염을 일으킬 수 있다는 사실이 밝혀졌다.

마침내 2020년 2월 국제 바이러스 분류 위원회의 코로나바이러스 분과는 완성된 새로운 바이러스의 유전체 지도와 인간과의 상호작용 메커니즘을 토대로, 사스-코로나 바이러스와 유사하지만 전혀 다른 변종으로 '사스-코로나 바이러스2 SARS-CoV-2'라는 이름을 붙인다. 한국에서는 공식적으로 '코로나19 바이러스'라는 명칭이 사용되기 시작했다. 중국 우한 지역에서 처음 질병이 발생하면서 '우한 폐렴'이나 '우한 바이러스' 등으로 불리던 바이러스는 2월에 이르러서야 비로소 정식 분류 체계에 속하는 바이러스로 인지되었다.

공격적 검사와 격리

다시 한국으로 돌아오자. 코로나19 환자가 처음 확인된 시기는 2020년 1월 19일로, 우한에서 한국으로 출발한 중국인이 공항에서 범코로나 검사법을 통해 확진되었다. 1월 25

일에는 우한에서 한국으로 입국한 3번 환자가 확진되었으며, 그와 함께 식사를 했던 6번 환자도 확진 판정을 받았다. 바이러스의 확산은 간단한 접촉을 통해 이루어졌으며, 가족들 사이의 접촉으로도 전파되는 양상을 보였다. 초기 바이러스의 확산을 확인하기 위한 검사법과 검사 장비를 구축하는 일은 쉽지 않다. 정체를 알 수 없는 미지의 바이러스에 대해 방어선을 구축하는 것은 마치 어둠 속에서 유령을 잡는 일과 같다. 그러나 앞에서 살펴본 것처럼, 방역 당국은 과거 한국 사회를 뒤흔들었던 주요 감염병 경험을 토대로 6종의 알려진 코로나 바이러스를 찾아내는 검사법을 만들었다. 그렇게 최초의 환자가 발생할 때부터 확진자를 검사하고 격리시켜 바이러스가 확산하는 속도를 늦출 수 있었다. 게다가 바이러스의 유전 정보를 공유하면서 더욱 빠르고 효율적인 방어선을 구축할 수 있었다.

바이러스의 확산 속도를 늦추고 확산의 영역을 제한하는 방어선을 구축하는 데는 몇 가지 필수적인 요소가 필요하다. 바이러스가 중국을 빠져나와 전 세계로 확산하기 시작하던 2020년 1월과 2월 당시 우리가 바이러스에 관해 아는 지식은 오로지 유전 정보와 빠른 감염력 정도였다. 백신도 치료제도 개발되지 않은 상태에서 '감염' 그 자체가 생명을 위협하는 상황이었다. 우리의 몸은 외부에서 유입되는 바이러스와 같은 새로운 병원체를 마주하면 자연스럽게 면역 체계를 가동하면서 방어 활동을 시작한다. 당황스럽게도 우리의 면역 체계는 단 한 번도 이 새로운 바이러스를 마주한 적이 없었다. 이 황당한 상황에서 면역 체계가 할 수 있는 일은 거의 없다. 백신이나 치료제의 도움으로 병원체를 제압한다면 문제가 해결될 수 있겠지만, 인간 사회에 처음 모습을 드러낸 신종 코로나 바이러스를 제압할 수 있는 방법은 아무것도 없었다. 유일하게 할 수 있는 일은 감염자를 빠르게 찾아내고 격리해 바이러스 확산 속도를 늦추면서 병원 시스템의 과부하와 붕괴를 막는 것뿐이었다.

한국의 방역 당국이 선택한 방법은 강력한 검사를 통한 확진자 파악과 격리 조치였다. 중국 정부가 제공한 코로나19 바이러스 유전자 정보를 근거로 대규모 검사 및 진단을 진행하는 방법을 개발했다. 이 방법은 '실시간 역전사 중합 효소 연쇄 반응RT-PCR'으로 의심 환자에게서 채취한 검체를 처리해 PCR에서 증폭한 뒤 코로나19 바이러스에 감염되었는지 여부를 판단하는 것이다. 빠르고 효율적으로 확진 여부를 진단할 수 있는 진단 키트를 개발하는 것도 당시 중요한 과제였다. '검사-추적-치료'의 방어 전략에서 진단 검사의 역할은 매우 중요하다. 초기 확산부터 RT-PCR 진단법을 적용한 것은 가장 정확하게 확진자를 선별할 수 있는 장치였다. 2020년 1월 19일, 1번 환자가 확인된 순간부터 방역 당국은 감염병 위기 경보 수준을 가장 낮은 '관심' 단계에서 '주의' 단계로 격상시켰고, 24시간 비상 대응 체계를 가동하기 시작했다. RT-PCR 진단법에 근거한 진단 키트의 생산과 사용 확대가 긴급하게 허용되었다. 당시 민간 분야에서 '긴급 사용 승인'을 받으면서 엄청난 속도로 진단 키트를 생산하기 시작했다. 1월 13일부터 진단 키트를 개발하고 2월 7일부터 검사 시설을 갖춘 50여 개 병원에 진단 키트를 배포함으로써 검사-추적-격리의 기본 방역 틀을 갖출 수 있었다.

  사실 RT-PCR 진단 키트의 긴급 사용이 가능했던 것은 두 가지 제도적 변화가 있었기 때문이다. 많은 학자가 지적한 것처럼, 2015년 한국을 강타한 메르스의 경험에서 조기 검사의 중요성을 인지하게 되었다. 메르스 방역 실패의 경험을 통해 진단 검사 키트의 생산과 조기 승인이 가능하도록 허가 과정에 관한 제도적 수정이 이루어졌다(황승식·김종헌·김진용·이형민·홍기호, 2020; 유현미, 2020). 특히, 주목해야 할 것은 한국이 보유하고 있던 기술력과 생산력이다. 건강보험이 도입되면서 의사의 직접 노동과 관련된 의료 수가를 강력하게 규제하는 대신 비非의사적 투입 요소인 진단, 검사, 의약품 등의 가격을 덜 강력하게 규제하면서 진단 검사가 원활하게 진행될 수 있는 경제적 틀이 마련되어 있었다(권순만, 2020). RT-PCR 진단 검사가 공격적으로 이루어질 수 있었던 또 다른 요인은 과거 질병 경험을 통해 형성된 제도적 '준비성preparedness과 유연성flexibility'이었다. 이 두 가지 요인으로 확산 초기 방역 전략은 이후 '질병 경험의 제도화'로 이어질 수 있었다.

21세기에 들어서면시 빈복적으로 발생한 다양한 인간-동물 감염병은 우리 사회의 직접적인 위협과 위기의 원인이 되었다. 시민들의 개인정보와 자유를 어느 정도 침해하거나 제약할 가능성이 충분히 존재했지만, 시민사회가 큰 저항 없이 추적과 진단 검사법의 긴급 사용을 허용한 것은 사스-메르스로 이어지는 인간 감염병의 경험에서 형성된 문제의식 때문이었다. 의료사회학자인 카를로 카더프Carlo Caduff가 지적한 것처럼 한국 사회는 사스와 같은 감염병으로부터 많은 교훈을 얻었다. 사스의 질병 경험이 중앙 집중적 방역과 디지털 기술의 사용, 강력한 자가 격리 시스템의 효과적인 전개에 큰 영향을 미쳤다고 주장했다(Caduff, 2020).

대구의 대유행과 한국 방역 체계의 형성

1월 19일 첫 번째 환자가 발생한 이후 지속적으로 발생한 감염자가 30명에 이르면서 한국 사회도 초긴장 상태에 접어들기 시작했다. 초기에 강력한 검사와 격리 방식으로 질병의 확산 정도가 소강 국면으로 접어드는 듯했지만, 언제든지 폭발력 있는 감염이 나타날 수 있는 폭풍 전야 상태에 있었다. 하지만 코로나19는 중국 전역으로 확산했을 뿐 아니라 유럽으로 급격하게 번지기 시작했다. 중국은 우한 지역 1,100만 명의 시민을 완전히 격리하는 전체주의적 처방을 내렸다.

세계보건기구는 1월 30일에 세계 공중 보건 비상사태를 선포하기에 이른다. 지금까지 세계보건기구가 전 세계적으로 공중 보건 비상사태를 선포한 것은 여섯 차례에 불과했다. 2020년의 상황은 급박하게 돌아가고 있었다. 이미 2월 11일에 신종 감염병이 공식적으로 '코로나19'로 호명될 때까지 공식 사망자 숫자는 1,000명을 넘어섰다. 이 숫자는 2003년 전 세계를 공포로 몰아넣었던 사스로 사망한 774명을 넘어선 상황이었다(유, 2024: 233). 전 세계적으로 사망자 수가 급증하면서 각 국가는 치명적인 감염병을 막기 위해 국경 봉쇄와 여행 제한 조치를 취하기 시작했다. 중국의 경우 가혹한 봉쇄 조치와 여행 제한 조치를 실행하면서 전체 인구의 절반에 이르는 7억 6,000만 명의 발이 묶였다. 미국에서는 샌프란시스코가 처음으로 비상사태를 선포했다. 유럽에서는 이탈리아가 처음으로 전국적인 봉쇄 조치를 시행하기 시작했다. 마침내 3월 11일 세계보건기구는 이 감염병의 확산을 세계적인 유행병, 즉 '팬데믹'으로 선언하기에 이르렀다.

상대적으로 평온했던 한국도 2월 18일 대구에 살고 있던 61세 여성이 31번째 확진자로 판정받으면서 급변했다. 31번 환자는 해외여행 이력도 없었고 감염 경로도 확실치 않았다. 이 지역의 역학 조사관들은 31번 환자의 동선과 주변을 조사하기 시작했다. 그다음 날 하루만에 확진자가 20명이 발생했는데, 이들은 모두 31번 환자가 다니던 교회의 신도로 밝혀졌다(이경수·정해용, 2021). 한국에서 코로나19와 관련된 가장 충격적인 사건이 바로 대구에서 발생한 첫 번째 대유행이다. 한국 사회 전체에 집단적 트라우마를 안겨 준 갑작스러운 코로나 확산은 신천지 교회의 신도를 중심으로 발생했으며, 2월 20일이 되면서 확진자의 숫자는 하루에 53명으로 급증하는 위기 국면으로 접어들었다. 게다가 대구 인근 청도군에 위치한 요양 병원인 대남병원에서 확진자가 한꺼번에 102명이 발생하면서 위기감은 더욱 고조되었다. 대남병원에서 발생한 집단 발병은 전파 경로를 확실하게 알 수 없는 오리무중의 상황으로 빠져들어 갔다.

대구와 경상북도 지역 상황을 더욱 악화시킨 것은 이 지역 확진자 대부분이 기저 질환자들과 이동이 불편한 환자들이었다는 점이다. 결국 환자들 중 일곱 명이 손쓸 틈도 없이 생명을 잃음으로써 코로나19는 감염력 높은 질병에서 사람이 죽을 수도 있는 공포의 질병으로 바뀌었다. 방역 당국은 확진자들에 대한 동선 추적이 불가능할 정도로 손을 쓸 수 없는 상황이 되었다. 이로 인해 감염 경로를 추적하는 조치에서 의심 환자를 빨리 찾아내 격리하는 방법으로 전환한다. 공포에 질린 대구 시민들은 이동을 멈췄고 전체 도시가 얼어붙은 듯 정상적인 일상생활이 불가능한 상황에 이르렀다. 더구나 확진자가 급속도로 증가하면서 환자를 수용할 수 있는 병원이 한계에 도달해 위기는 더욱 증폭되었다.

2015년 메르스 확산과 방역 실패의 뼈아픈 교훈으로 이루어진 '의료법' 개정을 통해 전국적으로 1,300여 개의 음압 병실을 확보할 수 있었다. 음압 병실은 메르스의 확산 과정에서 호흡기 감염병 환자를 위해 안전하게 제작된 특수 병실이다. 병실 내부의 압력을 외부보다 낮게 유지해 공기가 항상 병실 안에서 흐르도록 한다. 이 병실의 목적은 감염병 환자가 머물고 있는 병실 안의 공기가 유출되는 것을 막고 정화된 공기만 외부로 흘러 나가도록 하는 것이다(이재갑·강양구, 2020). 그런데 대구·경북 지역의 국가 지정 및 민간 의료 기관이 보유한 음압 병실은 고작 88개뿐이었다. 대구에서 감염 확산이 일어난 후 며칠 만에 급증한 환자들로 음압 병실이 부족해졌다. 대구에서 31번 환자가 확인된 이후 확진자 숫자는 10명, 23명, 50명, 70명, 148명… 기하급수적으로 증가하면서 역학조사도 무력화되었다. 검사와 검체 채취를 담당하는 보건소에 과부하가 걸리면서 대구 지역의 보건 시스템이 감당할 수 있는 수준을 넘어서기 시작했다.

완전히 멈춰 선 대구는 자발적 봉쇄 수준으로 접어들었

다. 당시 우한과 이탈리아의 베로나 그리고 뉴욕에서 완전한 봉쇄 정책이 결정되면서, 대구에서도 공식적으로 봉쇄에 관한 논의가 일어나기 시작했다. 수도권에서는 대구에서 일어나고 있는 코로나19의 확산을 '대구 코로나'라고 낙인찍기도 했다. 대구 시민들은 자발적으로 이동을 제한하기 시작했다. 2019년과 비교해 2020년 2월 말에 시내버스 이용량은 70퍼센트 감소했고, 도시철도 이용량은 76퍼센트 감소했다. 고속버스와 철도 이용률도 각각 87퍼센트와 80퍼센트 감소했다(이경수·정해용, 2021: 130). 대구의 상황은 말 그대로 재앙 수준이라 할 만했다.

공적 의료 체계의 붕괴로 더 이상 확진자에 대한 검사와 격리, 추적이 제대로 이루어질 수 없었다. 이 문제를 해결하기 위해서는 더 이상 공식적인 방식이 아닌 비전통적인 발상의 접근법이 필요했다. 만일 전국적으로 중증 환자가 1,300명 이상 발생하면 메르스의 경험에 기반해 마련했던 음압 격리 병실이 부족해지고, 공적 보건 체계가 더 이상 감당할 수 없어진다. 대구 대규모 확산은 공적 보건 체계의 완전한 붕괴를 의미했다. 비상상황을 타개하기 위해 플랜 B가 준비되지 않은 상황이 있다. 한림대학교강남성심병원의 이재갑 교수는 이른바 'K-방역'의 핵심을 '임기응변'이라고 말한 것처럼, 이러한 위기 상황에서는 준비된 계획보다 '비전통적인' 방식을 채택하게 되었다(이재갑·강양구, 2020: 171).

임기응변의 결과로 나온 대표적인 사례가 대규모 '선별 진료소', '드라이브 스루 선별 진료소', '생활 치료 센터'였다. 2월 중반에 들어서면서 대구에 위치한 대학 병원 응급실 다섯 곳 중 네 곳(경북대학교병원, 계명대학교병원, 영남대학교병원, 대구가톨릭대학교병원)이 확진자 발생으로 폐쇄되었다. 공식적인 응급실과 대학 병원 시스템이 붕괴되면서 대안적으로 빠르게 대규모 검사를 수행할 수 있는 간이 선별 진료소의 설치를 결정했다. 또한 선별 진료소에서 더욱 효과적으로 환자와 검사자 사이의 접촉을 줄이면서 검사를 진행할 수 있도록 고안된 것이 바로 '드라이브 스루 시스템'이었다. 이 시스템의 원형은 독감 팬데믹이 일어날 경우 빠르게 진단할 수 있는 방법으로 아이디어 차원에서 제기된 바 있었다

(Weiss et al., 2010). 하지만 팬데믹 상황에서 실행된 적은 없었다. 빠르게 대규모 진단 검사를 진행할 수 있는 방법을 찾던 '대구 신종 감염병 위원회 정책 태스크포스'에서 김진용 인천의료원 감염내과 과장이 제시한 아이디어를 구체화시킨 것이었다. 드라이브 스루 모델은 2월 23일 칠곡 경북대학교병원에 설치되면서 세계 최초로 실행되었다(이재갑·강양구, 2020: 46-47). 이 모델은 팬데믹 초기 대규모 검사의 혁신 사례로서 전 세계로 확산된 K-방역의 대표 모델 중 하나가 되었다.

또 한 가지 사례는 '생활 치료 센터'의 운영이었다. 코로나19에 감염되었지만 중증이 아닌 환자를 어디에 수용할 것인지를 놓고 방역팀은 고민할 수밖에 없었다. 대구·경북 지역 내의 격리 병실은 부족했고, 경증 환자까지 모두 수용할 수 없자 일부 경증 환자는 병원 대신 자택에서 입원을 기다리며 자가 격리를 하는 비정상적인 상황이 벌어졌다. 대구 지역에 산재되어 있던 연수원이나 호텔, 콘도 등을 경증 환자를 위한 치료 센터로 전환하는 방안이 제시되었다. 물론 무증상 환자나 경증 환자를 대상으로 3월 2일 대구 혁신 도시에 위치한 중앙교육 연수원 기숙사가 첫 번째 생활 치료 센터로 사용되기 시작했다. 생활 치료 센터의 개념은 '격리' 또는 '수용'과 같이 강제적인 인신 구속의 의미가 들어가지 않은 채 경증 환자에 대한 돌봄 체계를 마련한다는 데서 의미 있는 방식이었다.

재난 상황에서 방역 당국과 전문가들의 협업을 통해 만들어진 위기 대응 방법은 이른바 'K-방역'의 기본적 얼개로 구성된다. 정부는 대구와 청도, 경산과 봉화를 3월 15일에

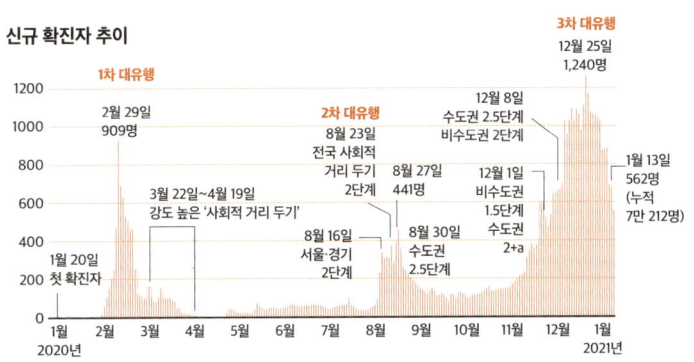

코로나19 국내 발생 1년 주요 일지(출처: 김영은, 연합뉴스, 2021. 1. 13.)

특별 재난 지역으로 선포하면서 피해 복구와 피해자 생활 안전 지원 등에 국비를 투입하기로 결정했다. 대구 1차 대유행은 대구·경북 지역에 엄청난 물리적·정신적 피해를 남기고 서서히 안정 단계로 전환한다. 대구의 대유행을 멈추게 한 두 가지 결정적 요인은 고강도 거리 두기 정책과 공중보건의의 투입이었다.

2020년 3월 22일에 정부는 대구와 인근 지역에서 15일간의 고강도 거리 두기를 실행하기로 결정했다. 방역 당국은 종교, 체육, 유흥 시설의 운영 중단을 강력하게 권고하면서 이른바 '사회적 거리 두기'가 시작되었다. 이 개념은 치료법이나 백신이 준비되지 않은 상황에서 조금이라도 감염이 일어날 수 있는 접촉의 연쇄 고리를 차단하기 위해 사용할 수밖에 없는 일종의 궁여지책이었다. 사회적 거리 두기는 바이러스에 감염될 수 있는 숙주와 숙주 사이의 거리를 떨어뜨리는 방법으로, 전파력이 강한 것으로 알려진 코로나19의 초기 확산을 막는 데 매우 중요한 역할을 했다. 2월 말까지 대구 지역에서 확진자가 900명대로 급증하면서 대구의 시민들은 '자발적' 거리 두기를 실천하기 시작했다. 서구 사회는 강제적 봉쇄(록다운)를 통해 감염 가능성을 차단하는 방식을 채택했다면, 대구에서는 강제적 봉쇄보다는 자발적 거리 두기를 통해 질병의 전파 속도를 늦추는 방향으로 가닥을 잡았다. 대구에서 시작된 사회적 거리 두기가 효과를 거두면서 서울을 비롯한 수도권에서도 3월 22일부터 5월 5일까지 공식적으로 사회적 거리 두기를 실천했다(이재갑·강양구, 2020: 55). 사회적 거리 두기는 사회·경제적 활동을 지속하면서도 전국적인 확산을 막는 데 효과적인 새로운 표준으로 등장하게 되었다.

두 번째 방역 과정에서 중요한 요소는 '공중 보건의'의 역할이다. 대구·경북의 대유행은 해당 지역의 의료 인력으로는 감당하기 어려울 만큼 갑작스러웠다. 불과 며칠 사이에 확진자는 900명대로 증가했고 응급실과 병원은 확진자가 발생해 폐쇄되고 있었다. 인력·공간의 부족은 공중 보건 관리 능력의 한계를 드러내는 위기 상황이기도 했다. 앞에서 설명한 것처럼, '임기응변'식 대응을 통해 생활 치료 센터,

선별 진료소, 드라이브 스루 진단 검사와 같은 창의적인 방식을 고안해 위기를 돌파할 수 있었지만, 인력 부족은 더 이상 창의적인 방법을 찾기 힘든 영역이었다. 이러한 상황에서 '공중 보건의'는 중앙 집중적 방역 시스템을 갖춘 국가가 할 수 있는 가장 강력한 장치 중 하나였다. 한국의 의사 양성 과정에서 군 복무 대신 국가의 통제하에 일정 기간 공중 보건의로 현장에서 환자를 돌봐야 하는 제도는 다른 국가들과 비교하면 매우 특이한 제도다. 감염병 확산과 같은 비상 상황에서 공중 보건의는 현장에서 이동 검진이나 유증상자의 검체 채취를 담당하게 된다.

특히 대구에서 코로나19 환자가 폭발적으로 증가하던 제1차 대유행 시기에 공중 보건의의 역할은 결정적이었다. 2018년과 2019년 한국 공중 보건의 수는 2,000명 정도 수준을 유지하고 있었다. 지자체가 요구하는 공중 보건의의 수요보다 실제 공중 보건의로 지원하는 의사들의 숫자는 줄어들어 왔다. 코로나19가 대구에서 유행하던 2020년 2월과 3월은 공중 보건의 교체기에 해당한다. 신규 인력이 짧은 군사훈련을 받기 위해 입대하는 시기이기도 하고 만기가 된 공중 보건의가 사회로 돌아가는 시기이기도 하다. 하지만 정부는 만기가 된 공중 보건의의 복귀 시점을 연기하고 신규 공중 보건의의 기초군사훈련을 면제하는 대신 바로 현장에 배치해 신규 인력 742명과 기존 2,000여 명을 확보할 수 있었다(Choi, 2020; 오경묵, 2020). 신규 임용 예정인 공중 보건의 742명 중 대구에 319명, 경북에 150명이 투입되었고 나머지 인력은 15개 도시로 분산 배치되면서 부족한 인력을 충원할 수 있었다. 대구·경북 지역에 차출된 공중 보건의는 3월 24일에 총 861명으로 방역 당국이 추진하고 있던 봉쇄 없는 '검사-추적-격리' 시스템의 근간이 되었다.

전쟁터와 같은 상황에서 현장에 배치된 공중 보건의들은 겨우 3일간의 집중 교육을 받았다. 지역사회에서의 감염병 관리와 대응 이론, D레벨 보호복 착탈 실습, 검체 채취 등 코로나19 검사법과 선별 진료소 업무 등의 기초 교육을 받고 바로 현장에 투입될 수밖에 없었다(허윤정, 2020: 104-

105). 비록 공중 보건의의 현장 투입은 자발적 '치료의 의무'에 의한 행동이라기보다 중앙정부의 통제와 이동 명령으로 동원된 행동이었지만 그 결과는 결정적이었다. 이른바 K-방역이 현실화되는 데 드라이브 스루와 선별 진료소 등 창의적 시스템의 개발과 더불어 인력의 동원과 배치가 중요한 역할을 담당했다.

한국의 방역 정책과 질병 확산에 대응하기 위한 임기응변과 중앙 집중적 동원 체계의 효과는 계획된 것이 아니었지만 긍정적이었다. 이와 비교할 수 있는 것이 서구 국가의 부족한 의료 인력 충원 방식이다. 미국을 포함한 서구 국가는 의무적으로 군 복무 기간에 의사 생활을 하는 공중 보건의 제도가 부재하기 때문에, 의료 인력 부족 문제를 해결하기 위해 은퇴한 의사와 간호사를 현장으로 복귀시키는 방식을 채택했다. 영국의 경우, 병원 시스템이 한계에 도달하자 영국의학협회British Medical Association, BMA는 은퇴한 의사와 간호사에게 의료 자격증을 회복시켜 현장에 복귀하도록 독려했다(BMA, 2020; Paterlini, 2020). 그 결과 약 4,500명의 은퇴한 의료진이 현장으로 복귀했다. 그러나 이미 은퇴한 의사와 간호사가 현장에 복귀한다는 것은 젊은 의료진보다 훨씬 높은 위험에 노출될 수 있다는 것을 의미했다(Binding, 2020; Weave, 2020).

방역 작업은 저인망식의 공격적 검사-격리 치료 방식으로 구성되었다. 이렇게 공격적이고 적극적인 진단 검사 체계는 한국에서 방역 시스템 전체 성격을 규정하는 데 핵심적인 역할을 했다. 검사-추적-치료의 이른바 3T 체계는 전 세계가 의무적 봉쇄로 바이러스의 확산을 막으려는 와중에 전혀 다른 모델을 제공했다. 대구에서 벌어진 엄청난 감염병 확산에 대응하기 위해 만들어 낸 다양한 방식은 결국 세계 언론과 방역 당국이 주목하는 시스템으로 전환되었다. 코로나19가 확산하던 초기에 한국은 질병의 발원지인 중국 외에 또 다른 위험 국가로 여겨졌다. 예상한 것처럼 감염은 중국으로부터 전파되었고 결국 대구라는 도시에서 폭발적으로 확산했다.

하지만 서구에서 주목한 것은 피해보다 대응이었다. 단

한 차례의 검사로 6시간 안에 확진 여부를 판단할 수 있는 RT-PCR 검사법과 진단 검사 키트를 이용한 놀랄 만큼 창의적인 검사 방식(예를 들어, 드라이브 스루 검사법) 등은 시민들의 이동의 자유를 보장하고, 경제활동의 중단 없이 방역을 실행할 수 있는 시스템이었다. 방역과 경제, 두 마리 토끼를 한꺼번에 잡는다는 것은 거의 불가능한 일이었다. 물론 전체주의 국가에서는 과도한 명령을 통해 봉쇄와 경제활동이 둘 다 가능할 수 있을지 모르겠지만, 실제로 중국을 비롯한 전체주의 국가에서는 한꺼번에 이 두 마리 토끼를 잡는 데 성공하지 못했다. 2020년 3월에 이르면서 전 세계는 의무적 봉쇄라는 초극단적 조치를 취하게 된다. 바이러스는 이탈리아를 거쳐 프랑스와 독일로 무섭게 확산하고 있었고, 이란도 대규모 사망자가 발생하자 국경을 봉쇄하기 시작했다. 이탈리아를 시작으로 유럽 국가들은 도미노 효과처럼 연속적으로 의무적 봉쇄에 들어갔다.

이 와중에 대구의 상황은 서서히 통제할 수 있는 단계로 진입했다. 전혀 손을 쓸 수 없을 정도로 기습적으로 시작된 코로나19의 확산은 질병 방역 제도의 취약점을 고스란히 드러냈다. 또한 오랜 코로나19와의 전투에서 사용할 수 있는 방역 원칙과 전략의 밑그림이 대구 대유행을 통해 형성되었다. 즉, K-방역의 핵심 요소들은 맹렬한 감염병 확산을 막기 위한 방역 당국의 대응 과정에서 만들어진 결과물이라 할 수 있다.

4장

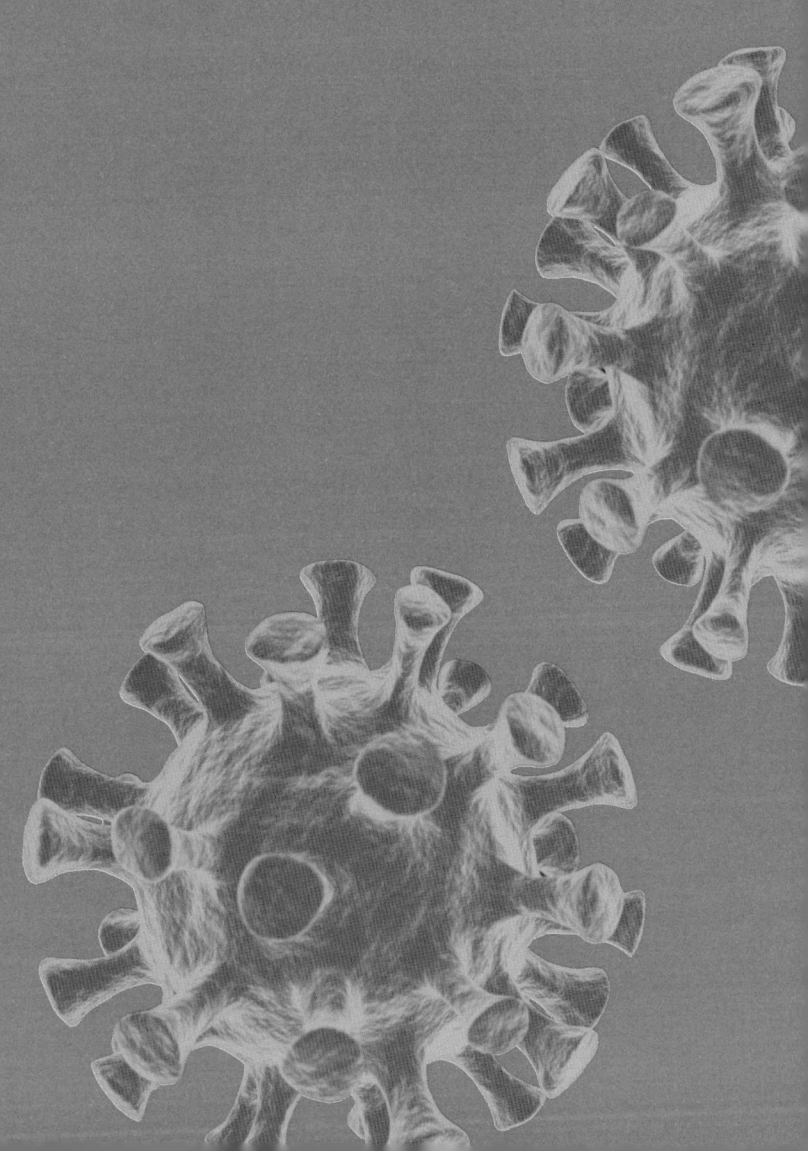

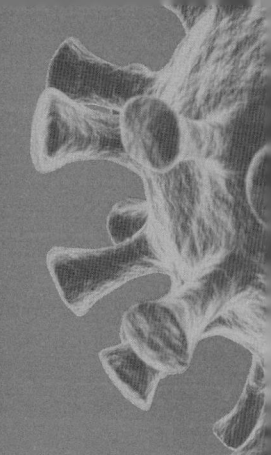
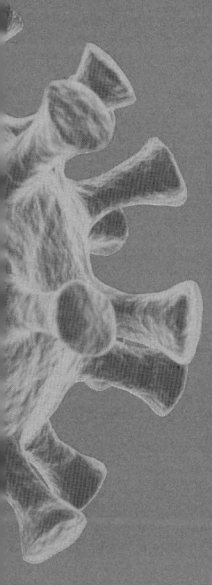

전례 없는
사태에 대한
상상력:
한국의 방역 전략

전례 없는 정책적 상상력

코로나19의 확산은 전례 없는 사태였다. 코로나19 바이러스에 관한 경험과 이해가 완전히 부재한 상황에서 새로운 병원체의 갑작스러운 확산은 사회 전체를 공포로 몰아넣기에 충분했다. 경험 데이터의 부재와 '미지의 질병'에 대한 대응은 항상 새로운 '상상력'을 필요로 한다. 공중 보건학자인 앤 켈리가 제안한 '전례 없는 사태에 대한 상상'이 바로 이것이다. 신종 감염병이 현실화하기 전에 감염을 통제하기 위해서는 방역 당국이나 리더십은 이러한 위험을 상상해야 한다. 물론 상상력은 아무것도 없는 상태에서 불쑥 튀어나오지 않는다. 과거의 경험이 기반이 된다. 현재 각 국가의 방역 정책은 모두 이러한 상상력에 근거한 것이라고 말해도 과언이 아니다. 한국의 질병에 관한 상상력은 구체적이고 다양한 질병 경험으로부터 형성되었다. 특수하고 단편적인 경험에 의존해 새롭게 등장한 질병에 대한 방역 제도를 구체화하는 것은, 제도의 개정과 변경 그리고 상황의 심각성 정도와 같은 조건의 변화에 따른 대응책을 마련한다는 점에서 방역 정책의 유연성을 보여주기도 한다. 반면, 제도가 경화될 경우에 유연성이나 조건 변화에 대한 즉흥적 대처의 가능성은 현저하게 낮아진다.

한국의 질병 관리 전략이 보여주는 특징 중 가장 두드러진 것은 제도적 유연성에 기초한 '임기응변식 대응', 즉 '패치워크 모델'이라고 할 수 있다(황승식, 김종헌, 김진용, 이형민, 홍기호, 2020). 이 모델은 질병 확산을 억제하기 위해 구체적이고 장기적인 로드맵이나 전략을 마련하지 않은 채 상황에 따라 유연하게 대응하는 방식을 말한다. 한국의 질병 거버넌스는 축적된 질병 경험을 근거로 구축되었기 때문에 실제 상황에서 좀 더 신속하고 유연하게 적용할 수 있다는 장점을 갖는다. 그러나 장기적인 계획이나 로드맵이나 원칙 없이는 질병을 막아낼 수 없는 노릇이다. 한국의 신속하고 유연한 대응 방식과 비교할 수 있는 것이 '경화된', 그래서 때로는 '교조주의적인' 모습을 보이는 제도다. 대표적인 사례가 영국의 방역 모델이다. 영국의 질병 관리 및 통제는 오랜 기간 동안 구축되어 온 방역 전통에 따라 마련된 교과서적 접근법이다. 19세기 콜레라에 대한 방역으로부터 시작된 근대적 위생과 방역 방법은 매우 견고하게 정책으로 제도화되었다(Hardy, 2001; Lawrence, 1994). 긴 역사와 경험을 통해 축적된 방역 정책은 제도적으로 매우 견고하지만 동시에 다양한 상황과 조건에 대처하기 힘든 융통성 없는 제도화로 이어졌다. 코로나19 팬데믹 초기에 영국 방역 당국이 제시했던 '4단계 방어 전략'은 이러한 제도화의 산물이었다(Horton, 2020; Calvert, 2021).

한국의 초기 방역은 다른 국가들과 비교해 훨씬 효과적

이라고 평가되었다. 2020년 11월 기준으로 한국은 코로나19로 인한 사망률이 10만 명당 0.94명에 불과했지만, 영국은 74.19명이었으며 미국은 72.82명에 이르렀다. 많은 전문가는 한국의 성공적인 방역 정책의 핵심을 중앙 집중적이고 공격적인 진단 검사 체계에서 찾는다. 한국의 방어 전략은 세계보건기구가 제시한 가장 표준적인 억제 정책을 시행한 사례로 평가받고 있다. 검사-추적-치료 전략은 이동에 대한 제약이나 봉쇄 없이 바이러스 확산을 억제한 사례로, 이 전략이 합법적으로 실행되기 위해서는 몇 가지 제도화의 관문을 넘어야 했다(Ryan, 2020). 더구나 이 방어 전략은 '독감의 확산'을 상정하고 구축한 고도의 '통계적 수학모델'에 근거하고 있다. 이와 비교해 한국의 경우는 '코로나19 바이러스의 확산'을 상정하고 구축된 '경험적 패치워크 모델'이라고 할 수 있다(김기흥, 2020).

영국의 경우 최근 감염병의 확산 가운데 가장 큰 영향을 미친 것은 '독감'이라고 할 수 있다. 1981년 스페인 독감은 언급할 필요도 없이 이후 몇 차례에 걸친 독감 팬데믹에서 영국 사회는 큰 타격을 입게 되었다. 다음에 발생할 수 있는 팬데믹에 대한 예측을 바로 이 '독감'을 대상으로 구축했다. 하지만 한국의 경우에 21세기에 접어들면서 반복적으로 매우 상이한 '인간-동물(가축)' 감염병의 발생을 통해 암묵적으로 제도화된 질병 경험이 만들어졌다. 따라서 한국의 방역 모델을 몇 가지 원인으로 환원하는 것은 어려운 일이다.

인간-동물 감염병의 질병 경험

한국의 질병 방역 전략은 2015년 메르스 확산에서 얻어진 질병 경험의 제도화를 빼놓고는 논의할 수 없다. 하지만 유럽과 미국을 포함한 서구 국가와 유독 구분되는 특징은 단지 메르스와 같은 인간 감염병의 경험으로만 제한할 수 없으며, 훨씬 다양한 잠재적 요소를 고려해야 한다. 그 핵심에는 인간-동물 감염병의 경험과 관련된 방역 체계의 구축 문제가 존재한다. 2000년대에 접어들어 한국 사회에서는 주기적으로 다양한 인간-동물 질병이 발생하면서 사회적으로 많은 피해와 충격을 주었다. 물론 현대사회는 과학기술과 의료 기술의 발달, 주거와 위생 조건의 개선, 그리고 소득 증가 및 세계화로 교류와 이동이 증가하면서 신종 감염병과 오래된 질병의 재출현이 급속도로 증가하고 있다. 질병으로 인한 사회 안전의 위협은 국제적이고 전 지구적인 문제가 되었다(McInnes & Lee, 2006).

2002년 중국 광저우에서 발생한 사스의 빠른 확산은 29개국에서 783명의 사상자를 내면서 큰 피해를 주었다. 이 호흡기 질환은 2003년 한국에서도 환자가 발생하면서 방역 당국을 긴장하게 만들었다. 국무총리를 중심으로 한 방역 대책 본부가 설치되고 사스의 국내 유입을 막기 위한 다양한 통제 정책이 실행되었다. 사스의 확산과 방역을 계기로 범정부적 감염병 관리를 위한 전문적 조직의 필요성을 인지하게 되었다. 2004년 노무현 정부는 기존 국립보건원을 질병관리본부로 확대 개편해 국가 감염병 연구 및 관리의 핵심 기관으로 작동하도록 했다(정윤진·최선, 2017).

감염병에 대한 신속하고 집약적인 억제와 격리 정책에 직접적으로 영향을 준 것은 2010년 11월 경북 지역에서 시작되어 전국 축산 농가로 급속하게 확산한 구제역의 경험이었다. 2011년 4월까지 전국적으로 살처분된 소는 약 15만 마리, 돼지는 약 330만 마리로 국가 차원의 재난 상황으로 전개되었다. 구제역의 엄청난 속도의 확산력과 이에 대응한 무차별적이고 공격적인 살처분은 동물의 건강과 질병의 문제가 단순한 경제적 경쟁력이나 생산성을 넘어 사회적 삶의 경관에 영향을 줄 수 있다는 인식 전환을 가져왔다(김선경·김지은·백도명, 2011; 최은정·천명선 2015; 김기흥 2018). 비록 동물 감염병은 인간에게 직접적인 피해를 일으키는 질병은 아니지만, 구제역 방역은 이후 감염병의 전체 관리 및 통제에 관한 기본적 방역 프레임을 형성하는 데 기여했다. 물론 동물(가축) 감염병과 인간 감염병의 방역 정책을 실행하는 행정 주체는 확실하게 구분된다. 전자의 경우는 농림축산식품부와 농림축산검역본부가 방역의 주체가 되는 반면, 후자의 경우는 보건복지부와 질병관리청이 맡는다. 비록 인간과 동물의 감염병을 담당하는 정부 부처 사이의 관리 영역이 중첩되는 경우는 드물지만 반복적인 전국 규모의 감염병 확산 과정에서 이 두 종류의 질병 방역의 기본 프레임이나 관리 방식은 자연스럽게 그리고 암묵적으로 서로 교환될 수 있다.

동물 감염병에 대한 중앙 집중적이고 공격적인 살처분 전략은 항상 논의의 대상이 되었으며 동물에 대한 무자비한 방역 정책이라는 비판에 늘 직면해 왔다(김영수·윤종웅, 2021). 많은 비판에도 불구하고 특정 공간에 속하는 동물에 대한 살처분이 감염병을 차단하는 데 최선의 방법이라는 믿음이 고착되었다. 공격적 살처분은 세 가지 중요한 전제가 필요하다. 첫째, 지방정부나 시민사회단체가 제기할 수 있는 다른 의견의 가능성을 최소화하거나 무시한 채 일사불란하게 방역 조치를 수행할 수 있는 중앙 집중 방식이어야 한다. 2010년 구제역 확산 과정에서 지방정부의 검사 권한을 둘러싼 논쟁이 있었음에도 중앙정부 중심의 정책 수행 원칙은 전혀 변하지 않았다. 중앙정부 중심의 집중적 방역은 코로나19 방역에서도 예외 없이 적용된다. 두 번째 특징은 전시 동원 체제를 방불케 하는 정부 기관과 군 조직 동원을 통한 방역이다. 코로나19에서는 경찰, 군대, 공무원을 중심으로 하는 동원 체제가 공중 보건의와 공중 보건 관련 공무원들이 그 역할을 대체한다. 마지막으로 살처분 전략의 가장 중요한 핵심은 특정 공간을 중심으로 전개되는 방역 방식이다. 공간 중심의 방역 체계는 감염병 발생 지역을 중심으로 집중되는 방역을 수행하는 것으로, 구제역과 조류독감 그리고 아프리카돼지열병까지 동물 감염병에서는 가장 핵심이 되는 원칙이기도 하다.

구제역이 확산하던 2010~2011년에 방역과 예방적 살처분을 위해 공무원과 군인 197만 명이 동원되는 엄청난 규모의 (전시 동원 체제와 유사한) 방역 동원 체제가 실행되었다. 하지만 공격적이고 신속한 이른바 '예방적 살처분 정책'은 더욱 빠른 속도로 확산하던 구제역 감염력으로 인해 2010년이 지나면서 소강 상태에 들어갔으며, 결국 정부는 살처분 대신에 백신 접종으로 전환하게 된다. 구제역 확산 당시 제기되었던 '살처분 대 백신' 논쟁과 함께 제기된 문제가 바로 '항원-항체 진단 키트'의 사용 권한 문제였다. 2010년 경상북도 안동시에서 처음으로 시작된 구제역은 확산 초기에 간이 항체 진단 키트의 부정확성으로 초기 확산을 막지 못했다는 것이 정부의 판단이었다(한국농촌경제연구원, 2011). 이러한 문제로 현장에서 검체를 채취할 때 빠르게 감염 여부를 확인하기 위해 항원 진단 키트의 사용, 즉 RT-PCR 검사 또는 ELSA(바이러스 항원 검사)-바이러스 중화 실험으로 이어지는 복잡하지만 반복적인 확인 작업이 필요하다는 의견이 제기되기도 했다.

문제는 이러한 진단 권한이 모두 중앙정부에 있었기 때문에 지방 현장에서는 제대로 빠르게 진단할 수 없다는 어려움을 토로했다. 방역의 모든 관리와 판단은 국립검역원-농수산부로 이어지는 중앙정부의 판단과 권한으로 집중되어 있었다. 이에 대해 지방정부는 중앙 집중적 관리 방식은 초동 방역의 지연으로 이어져 방역의 목표를 제대로 수행할 수 없다고 비판하면서 '병성 검사 권한'을 지방정부로 이양할 것을 요구한다(경기도 축산위생연구소, 2011). 경기도를 비롯한 몇몇 지방 정부의 강력한 요구에도 불구하고, 당시 중앙정부는 중앙정부 중심적인 질병 통제 체계의 유지를 선언했고, 지방정부의 도전은 성공하지 못했다(김기홍, 2018).

2003년부터 지속적으로 발생했던 고병원성 조류독감의 확산도 중앙정부의 신속하고 집중적인 살처분을 통한 질병 억제 전략을 이용한 대표적인 사례다. 2010년과 2011년 사이 5개월 동안 전국에 걸쳐 발생한 고병원성 조류독감으로 650만 마리의 가금류에 대한 살처분이 이루어졌으며, 가축 피해 보상금으로 612억 원의 예산이 소요되었다(농림수산부, 2012). 공격적이고 집중적인 예방적 살처분 전략의 이면에는, 감염병에 대한 중앙정부 주도의 신속한 억제가 최선의 대응 전략이라는 암묵적 합의가 존재한다. 일사불란한 방역 인력의 동원에서 중앙정부에 의해 관리되는 진단 과정과 유연한 제도적 대처까지, 질병 관리 및 통제의 구체적 대응 전략은 동물 감염병과 인간 감염병에 공통적으로 적용되는 특징이다.

진단 검사법의 민감도와 부정확성을 둘러싼 문제는 구제역 확산뿐 아니라 코로나19 확산에도 동일하게 적용되고 재생산되고 있다(송수연, 2020). 국가 주도의 신속하고 공격적인 억제-격리 전략이 이후 다양한 인간-동물 감염병에도 적용된 것은 의심의 여지가 없다. 코로나19의 확산을 막기 위한 방역 정책에서 중앙정부 중심의 관리는 시민사회의 압도적인 지지를 얻으며 유지되어 왔다. 특히 '질병관리본부'를 '질병관리청'으로 승격시키면서 산하에 국립보건연구원, 국립감염병연구소, 질병대응센터, 국립결핵병원, 국립검역소까지 포괄하는 거대한 조직으로 확대되었다(송경화, 2020; 질병관리청, 2021).

국가 주도의 '공간 방역'에 근거한 억제-격리 전략

코로나19에 대한 중앙 집중적 '억제-격리 전략'은 추상적인 질병 예측 모델에 기반했다기보다 2000년대 이후 반복적으로 발생한 인간-동물 감염병의 질병 경험을 통해 형성되었다는 사실을 이미 논의했다. 이 중앙 집중적 억제-격리 전략은 검사-추적-치료 전략으로 표현되기도 한다. 하지만 좀 더 구체적으로 '억제와 격리'의 질병 방역이 이루어지기 위해서는 그 기본단위인 '공간'을 고려할 필요가 있다. '공간'은 단순히 물리적 공간만 의미하는 것은 아니다. 그보다 사회·문화·경제적 제도의 연결망이라는 틀에서 바라볼 필요가 있다. 이미 위험 경관을 주장하는 지리학자들이 제안한 것처럼, '경관'의 개념은 물리적이고 사회·문화적인 함의를 모두 포괄한다. 한국의 이른바 '공간 중심'의 집단 방역 정책을 이해하려면 다른 형태의 방역 전략과 비교했을 때 더욱 뚜렷하게 그 특성을 확인할 수 있다.

대부분의 서구 국가는 '행동 중심'의 방역 전략을 기본 원칙으로 선택해 왔다. 시민들의 자발적인 행동의 변화를 '유도'함으로써 방역의 효율성을 증가시키는 방식이다. 가장 대표적인 사례는 영국이 코로나19 확산 초기부터 사용한 '행동 방역'의 원칙이다. 영국 정부는 코로나19의 방역 정책을 결정하기 위해 구성한 '비상 상황을 위한 과학자 자문 회의Scientific Advisory Group for Emergencies, SAGE'에 행동심리학자와 행동과학자를 포함시켜 시민들의 자발적 행동 변화를 유도하는 전략을 선택했다(House of Lords 2020; Yates,

2020; ; Sodha, 2020). 행동과학자 그룹은 단순히 공간 방역(예를 들어, 학교 폐쇄, 대중 집회 금지 등)에 집중하기보다는 행위자의 행동을 조절하고 행동 방식을 바꾸도록 유도하는 조치를 실행했다. 행동과학자 그룹이 제안한 행동 방역은 행동경제학에서 널리 다루어지고 있는 '넛지nudge'의 원칙을 적용해 행위자의 행동을 조절하는 방법이기도 하다. 영국 정부가 추진한 캠페인의 핵심 슬로건인 '손 씻기-마스크 쓰기-거리 두기Hand-Face-Space'는 이러한 행동 방역에 기반한 정책을 잘 보여준다(Department of Health and Social Care, 2020:13).

이와 같은 서구의 행동 방역 중심의 정책적 경향과는 달리 한국 방역 전략의 핵심은 '공간 중심'의 집중적이고 공격적인 억제-격리 정책이다. '공간 방역'은 감염의 패턴이 보여주는 특성에서도 발견된다. 코로나19 팬데믹이 시작된 2020년 3월부터 지금까지 한국에서 일어나는 대부분의 감염은 특정 공간에서 집합적으로 일어나는 '집단 감염'이었다는 것이다. 집단 감염의 형태는 특정 공간이나 집단을 특정할 경우 빠르고 손쉽게 역학적 추적이 가능하고 검사-추적-격리의 전략을 적용할 수 있다. 하지만 팬데믹 초기 방역에 실패했던 서구 국가의 대부분은 이처럼 공간이나 집단을 특정할 수 없을 만큼 '개별 감염'이었으므로 행동 방역이라는 전략을 선택할 수밖에 없었을 것이다(Kucharski et al. 2020; Moghadas et al 2020:14).

공간 중심의 방역 정책을 실행하기 위해 여타 방역 정책이 함께 실행되어야 한다. 그중 가장 대표적인 것이 바로 중앙 정부 주도의 '공격적 억제-격리 정책'이다. 구제역과 고병원성 조류독감의 확산과 방역 과정에서 얻은 질병 경험이 이후 감염병 방역 전략에 많은 영향을 미친 것은 확실하다. 특히, '집중적이고 공격적인' 억제-격리 정책, 예를 들어 광범위한 예방적 살처분 전략은 이후 바이러스에 의한 감염병 확산에 대처하는 억제 정책의 기초적인 밑그림을 제공했다. 집중적이고 공격적인 억제-격리 전략을 효율적으로 운영하기 위해서는 몇 가지 조건이 충족되어야 한다. 우선, 신속하고 집중적인 방역을 위해 항상 동원할 수 있는 인력 확보가 필요하다. 동물 감염병인 구제역이나 고병원성 조류독감은 확산을 막는 데 강력한 예방적 살처분이 주로 사용되었다. 예방적 살처분은 신속하게 동원할 수 있는 공무원이나 군인과 같은 조직이 존재해야 가능하다. 이미 언급한 것처럼 2010년 구제역 방역에 동원된 인력은 197만 명으로 마치 전시 동원 체제를 방불케 했다. 방역을 위해 일사불란하게 인력을 동원하는 것은 국가 주도의 일방적 통제 정책이 아니면 불가능한 일이다(김동광, 2011).

동물(가축) 감염병에 대한 방역 전략이 성공하기 위해 필수적으로 요구되는 중앙 집중적 동원 체제의 확립은 인간 감염병인 코로나19에도 동일하게 작동했다. 한국의 코로나19 방역에서 가장 중요한 역할을 한 것은 이미 언급했듯이 3,000여 명의 공중 보건의와 간호사였다. 군 복무 대신에 국가의 통제하에 움직여야 하는 공중 보건의는 현장에서 이동 검진이나 유증상 검체 채취를 맡게 된다. 특히 대구 1차 대유행에서 공중 보건의의 역할은 결정적이었다. 공중 보건의의 사례에서 볼 수 있듯이 중앙정부의 동원 체제는 신속하고 집중적으로 확진자를 검사-추적-격리할 수 있는 근간이 된다. 코로나19 당시 동원 체제는 이미 구제역이나 조류독감의 방역 전략에서 사용된 동원 체제와 전략적 원칙이 유사했다.

진단 기술의 선택과 사용에서도 방역 전략의 원칙은 고스란히 반영된다. RT-PCR 진단 기술은 단순히 이 기술의 효율성만으로 평가할 수 없다. 진단 기법의 성패는 정확하게 검체를 채취할 수 있는 인력의 확보와 동원에 달려 있다. 물론 실험실에서 PCR을 이용한 유전자 증폭 과정의 정확성도 담보되어야 하지만 더욱 중요한 것은 검체 채취의 정확성이다(The Independent SAGE, 2020). 구제역부터 조류독감, 메르스까지 다양한 감염병의 확산 과정에서 동원된 대규모 인력의 중요성이 경험적인 형태로 축적되었다. 이러한 질병 방역 경험은 제도화를 통해 공식화되었고, 최종적인 결과물이 바로 RT-PCR 진단법이라 할 수 있다. 제도화 과정에 유연성이 결합되면서 갑작스러운 감염병 확산에도 긴급하게 대처할 수 있는 법적 개선이 빠르게 이루어질 수 있었다. 짧은 시간 안에 '임기응변' 또는 '패치워크'에 기반한 대처 방식을 빠르게 제도화하는 과정에서 이루어진 결과다.

반면에 코로나19 확산 초기 영국은 한국처럼 대단위 전문적 노동력의 동원이 어려운 상황이었다는 것은 앞의 논의에서 정확하게 드러난다. 결국, 영국 정부와 보건 당국은 가장 간단하게 감염력을 진단할 수 있는 항체 검사법을 가장 적합한 진단 기술로 판단할 수밖에 없다. 특히 전시 동원 체제와 같은 중앙정부의 일사불란한 정책 실행이 불가능한 영국의 정치제도적 상황에서, 유일하게 의존할 수 있는 것은 시민들의 자발적인 참여를 요구하는 '행동 방역'뿐이었다.

드라이브 스루 방식을 통한 검체 채취에서 한국의 방식과 차이를 보이는 것은 검체 채취를 누가 하는가였다. 이미 지적한 것처럼 검체 채취의 정확성은 RT-PCR 진단 검사법에서 매우 핵심적인 요소다. 한국의 경우 전문적인 검체 채취 인력이 동원된 '선별 진료소'가 마련되면서 초기 대규모 확산에 집중적이고 공격적으로 대응할 수 있었다(이재갑·강양구, 2020: 44-45). 영국의 경우, 드라이브 스루 선별 진료소가 마련되었지만 정작 자가 채취 방식을 사용했다. 하루에 동시에 감당할 수 있는 검사량을 늘리기 위해 검체 채취 키트를 집으로 배달해 감염 의심자가 직접 자신의 검체를 채취하는 '면봉 자가 채취 테스트 방식swab test'을 사용한 것이다(Petruzzi et al. 2020; Schraer, 2020; Tang et al. 2020; Zitek, 2020).

전문가의 검체 채취가 아닌 자가 채취를 하는 경우 진단 검사의 정확도는 당연히 떨어질 수밖에 없다. 더욱이 영국은 채취된 샘플을 PCR로 증폭하는 실험실의 관리를 민간 기업에 맡겼다. 이로써 국립보건보험NHS이나 잉글랜드 공중 보건청Public Health England, PHE과, 컨설팅 기업으로 알려진 들로이트Deloitte로 대표되는 민간 관리 기업으로 이원화되는 결과를 가져왔다. 공공 부문과 민간 부문의 이중적 관리 시스템은 결국 진단 검사와 추적 시스템을 원활하게 관리하지 못했다. 이중 관리 당사자 사이의 의사소통과 정보 교류 과정에서 문제가 일어나면서 관리 체계의 실패를 가져온 것이다(Jones, 2021; McTague, 2020; Wise, 2020).

국가 주도의 공격적인 공간 중심 억제-격리 전략의 추상적 개념이 현실화된 제도적 경험은 이미 구제역과 조류독감, 그리고 2019년부터 접경 지역에 확산한 아프리카돼지열병에 대한 예방적 살처분을 통해 실행되었다. 신속하고 공격적인 특정 지역 동물 살처분은 현재 방역 관리의 전략과 유사하다. 한국의 코로나19에 대한 방역 전략의 기초는 행위자의 행동 변화를 유도하는 관리 방식이 아닌 '공간에 대한 방역 관리'라고 할 수 있다. 사람들이 집중적으로 모이는 공간(종교 단체, 클럽, 콜센터, 요양 병원, 물류 센터, 식당, 학원, 학교 등)을 대상으로 선택적으로 방역을 실행해 왔다. 밀집 공간에 대한 선택적인 방역 전략은 이 공간에 속한 사람들을 격리함으로써 감염을 쉽게 차단할 수 있다. 공간과 영역에 대한 공격적 관리는 결국 제도에 대한 관리이자 질서 유지를 위한 관리다. 코로나19에 대한 공간 방역 전략의 기본 원칙은 가축 감염병에 대한 방역망 구축과 동물의 이동을 막기 위한 차단선 구축과 같은 영역화territorialization 전략의 원칙과 동일하다.

아프리카돼지열병에 대한 강력하고 공격적인 질병 통제 정책은 이러한 공간 방역 전략의 원칙을 잘 보여주고 있다. 2019년 9월 경기도 북부 지역에서 발생한 아프리카돼지열병은 감염력이 높고 치명률이 100퍼센트에 가까웠다. 중앙정부, 농림식품부, 환경부, 국방부는 공격적인 살처분 정책과 방역망 설치를 통해 아프리카돼지열병의 남하를 저지하기로 결정했다. 방역 당국은 영역화 전략으로 방역망을 구축하고 이동 차단선을 설치해 질병의 매개체로 지목된 멧돼지의 남하를 물리적으로 막았다. 예방적 살처분과 이동 차단선의 설치는 표면적으로는 효과적인 것처럼 보였다(김준수, 2019). 영역 분리 전략을 통한 감염 확산 차단은, 특정 공간에 밀집되어 있는 '파악이 가능한' 개체를 '파악이 되지 않는' 감염 의심 야생동물에게서 분리하는 방식으로 시작한다. 개체 수가 파악되는 공간에 대한 관리는 효율성이나 편이성 측면에서 감염병을 관리하는 데 중요한 요소가 된다. 특히, 동물 감염병의 방역에서 집단 감염을 막고 예방하는 방식(주로 예방적 살처분이라는 극단적 방식)을 통해 관리할 수 있었다.

예방 살처분과 이동 차단선으로 대표되는 동물(가축) 감염병 방역 전략이 추구하는 원칙, 즉 공간에 대한 물리적 통제와 차단을 통한 감염병 확산의 방지는 인간 감염병의 방역 전략에도 명시적으로 또는 암묵적으로 영향을 미쳤다. 메르스 방역에서 수퍼 전파자의 이동과 접촉을 막지 못해 짧은 시간에 병원 간 감염이 일어난 경험에서 볼 수 있듯이, 코로나19 방역은 행위자의 행동 흐름을 차단하고 조절하는 방식보다는 특정 공간에서 일어날 수 있는 감염의 위험을 예방적으로 차단하는 방식을 선택했다.

예를 들어, 2021년 2월 20일 권덕철 보건복지부 장관의 코로나19 상황 브리핑은 방역 당국의 전략적 원칙을 다시 한번 확인시켜 준다. 이 브리핑에서 방역 당국의 주요 관심 대상은 여전히 집단 감염의 패턴을 찾아서 감염 고리를 끊는 데 집중하고 있었다. 당시 집단 감염을 발표하는 내용은 대부분 특정 공간 중심으로 언급되고 있었다. 순천향대학교서울병원(누적 201명), 성남시 무도장(누적 29명), 아산시 냉방기 공장(누적 165명), 부천시 보습학원(누적 161명), 남양주시 플라스틱 공장(누적 148명) 등 집단 감염이 일어나고 있는 공간을 언급하면서 "집단감염은 주로 병원, 교회, 사우나 외 공장이나 직장, 학원, 어린이집, 체육 시설 등으로 확산하고 있습니다"라며 새로운 유행을 경고하고 있다(김예나, 2021; 연선옥, 2021).

특정 공간에 밀집한 사람들에 대한 전수 조사와 진단 검사의 실행은 영역화 전략의 전형적인 특징을 보여준다. 이처럼 한국의 감염병 관리 및 통제의 기본 원칙은 단순히 몇 가지 원인으로 환원해 설명할 수 없는 지역적 맥락에 근거한 특성을 보인다. 이를 총체적으로 이해하기 위해서는 최근 한국 사회의 '질병 경험의 제도화'라는 측면, 특히 인간-동물 감염병 경험의 암묵적 제도화가 중요한 설명 요소가 될 수 있다.

에필로그

불안과 위기의 일상화

코로나19 팬데믹이 한창일 때 많은 학자가 '포스트-코로나' 또는 '뉴노멀' 시대에 관한 다양한 예측을 내놓았다. 그런데 막상 코로나19는 자기 변신을 거듭해 바이러스로서 독성은 약하지만 여전히 강한 감염력을 유지하며 사람들 주변을 떠돌고 있다. 코로나19와 비슷한 계통의 사스는 엄청난 속도와 감염력으로 중증호흡기질환을 일으키면서 전 세계를 공포로 몰아넣었지만 갑작스럽게 사라져 버렸다. 그런데 코로나19는 엄청난 규모의 팬데믹을 일으킨 후 사라지지 않고 끊임없이 산발적으로 발생하는 엔데믹 병원체로 변화했다. 2024년 여름에도 여전히 코로나19 바이러스는 자기 변이를 반복하면서 'KP.3 변이'라는 생소한 이름으로 폭염에 지친 사람들을 위협했다. 7월 셋째 주에 코로나19로 입원한 환자의 수는 226명에 지나지 않았는데, 불과 한 달 만에 입원 환자가 1,375명으로 급증하며 '조용한 재유행'이 일어났다(보건복지부, 2024). 자가 검사 키트와 치료제는 턱없이 부족했고, 노약자들은 더운 여름 날씨에도 바깥 외출 시에는 반드시 마스크를 착용하는 풍경이 익숙해졌다.

뉴노멀의 새로운 풍경은 단지 일상의 조그만 변화만을 의미하는 것이 아니다. 역사적으로 팬데믹은 항상 사회적 불안정과 전쟁 그리고 경제적 위기를 동반했다. 제1차세계대전과 함께 발생한 1918년 스페인 독감은 장기적으로 자본주의의 위기를 가져온 대공황으로 이어졌다. 마찬가지로 2008년 금융 위기 때 경기를 부양하기 위해 시장에 풀었던 엄청난 돈을 회수하지 못한 상황에서 코로나19 팬데믹이 찾아왔고, 이 위기를 벗어나고자 다시 돈을 풀기 시작하면서 심각한 인플레이션이 이어졌다. 미국과 중국의 패권 경쟁이 벌어지면서 통합되었던 세계시장은 다시 점차 자국 중심의 보호주의적 블록화로 나아가고 있다. 게다가 팬데믹 직후 우크라이나-러시아 전쟁과 팔레스타인-이스라엘 전쟁의 참화가 위기를 부채질하면서 불안정한 뉴노멀의 시대로 접어들고 있다.

팬데믹은 무의식적으로 사람들의 일상생활에도 엄청난 트라우마를 남겼다. 하지만 표면적으로는 정상으로 되돌아가려는 움직임을 보이고 있다. 상처와 불확실성, 불안감으로 가득한 시대에 위기와 위험에 취약한 시민들에게 돌봄과 안전망을 누가 제공할 것인지 다시금 질문을 던질 시기가 도래하고 있다. 사회 안전망과 복지가 점차 퇴색하는 상황에서 팬데믹이라는 충격은 신자유주의적 경쟁에서 낙오할 가능성이 높은 대부분의 사람들을 더욱 불안하게 만들었다. 이러한 상황에서 두 가지 중요한 대안적 담론이 전면에 부상하는 것은 이상한 일이 아니다. 하나는 국가가 수행해야 하는 '돌봄의 의무dury of care'다.

돌봄의 의무와 공공 보건 연구의 중요성

신자유주의적 경제 이데올로기의 지지를 받으며 현실화된 세계화 시대는 팬데믹 이후 국경 봉쇄, 물류 대란 그리고 패권 경쟁으로 서서히 종언을 고하고 있다. 자기에 대한 극단적 관리와 '각자도생'의 경쟁을 통한 생존이 미덕이었던 시대를 뒤로하고 사회 곳곳의 취약 존재들을 위한 안정망을 구축하는 일은 누구의 몫이 될 것인가? 경쟁에서 도태되고 불확실한 삶을 살아야 하는 것이 정당화되는 시스템을 지속할 수 있는가? 신자유주의 체제가 지배 담론인 시기에 '최소 정부'로 축소되었던 국가의 역할을 재고하고 새로운 역할을 부여해야 하는가? 이러한 물음들과 관련해, 정부의 개입으로 좀 더 지속 가능한 시장경제로 재편하고자 했던 경제학자 존 메이너드 케인스John Maynard Keynes와, 1942년 베버리지 보고서Berverage Report를 통해 전후 피폐해진 영국 사회의 재건 시나리오를 제시한 사회 개혁가 윌리엄 베버리지William Beverage의 비전에 관심을 가질 만하다.

정부의 시장 개입을 통해 시장경제가 대공황에 빠지지 않고 안정적으로 작동할 수 있는 대안 체계를 제시했던 케인스와 함께, 베버리지는 새로운 사회계약을 통해 보건, 교육, 주거의 안정성을 확보하고자 이른바 '요람에서 무덤까지' 국가의 서비스 지원을 보장하는 개혁안을 제시했다. 제2차세계대전이라는 절망적 상황은 오히려 새로운 희망을 현실화하는 기회가 되었다. 이러한 맥락에서 케인스의 경제 이론에 기반한 베버리지의 개혁안은 유럽형 복지국가의 탄생을 알리는 전환점이 되었다. 예를 들어, 영국에서는 보편적 보건 서비스를 제공하기 위한 국립보건서비스National Health Service가 시행되었다. 그 결과 무상 교육과 보건 시스템 그리고 공공 주거 및 사회적 돌봄 시스템을 구축해 자체적인 생산과 재생산 메커니즘을 갖추는 데 성공했다.

코로나19 팬데믹은 2008년 금융 위기를 거치면서 취약점이 드러난 신자유주의 시스템에 결정적인 타격을 가했다. 더 이상 기존 공공 보건 시스템을 포함한 전반적인 사회 체계가 지속 불가능하다는 사실이 드러나면서 새로운 체계, 즉 포스트-팬데믹을 준비하는 개혁 논의가 시작되었다. 팬데믹이 서서히 막을 내리면서 팬데믹 이후를 고민하는 많은 학자가 다시금 이 '새로운 사회계약'에 관심을 갖고 베버리지 2.0을 주장하기 시작했다(샤피크, 2022; Henessy, 2022). 코로나 팬데믹은 인간이 상호 의존성을 확인하는 사건이었다. 전 세계는 촘촘하게 연결되어 있으므로 우리의 안전이 단순히 자신이 속한 공동체나 국가의 대응으로만 보장되는 것은 아니다. 사람들은 자신의 안전이 질병에 대처할 수 있는 다른 국가의 의료 시스템에 달려 있다는 사실을 인지하게 되었다. 팬데믹으로 격리된 상태에서 일상생활을 유지하려면 간호사, 슈퍼마켓 직원, 배달 노동자, 청소원과 같은 이른바 '핵심 노동자'의 역할이 중요하다는 사실도 부각되었다(샤피크, 2022). 새로운 '공존의 계획'은 보건, 교육, 주거, 새로운 기술적 혁신에 대한 사회적 사용(예를 들면, 인공지능 기술에 대한 규제와 조절을 통해 사회 구성원 모두에게 이로운 방향으로 기술혁신을 이루는 방안) 그리고 기후 위기에 대한 공존 플랜을 제시함으로써 포스트-팬데믹 사회의 발전 방향을 제안하고 있다.

또 다른 중요한 교훈은 공공 보건에 관한 본격적인 연구와 데이터 축적이다. 이미 2008년 광우병 논란에서 대두된 것이 자체적인 '과학적 연구 역량' 축적이라는 과제였다(김기흥, 2009). 당시 미국산 쇠고기 수입 문제를 놓고 한국 측이 유리한 협상안을 관철하기 위해 적합한 위험 평가와 연구 자료의 축적이 필요했다. 공공 보건 연구 및 개발 역량의 강화를 요구하는 목소리는 코로나 팬데믹 때 다시 한번 등장한다. 팬데믹 기간 매일 정은경 질병관리청장과 함께 대국민 브리핑에 나섰던 국립보건연구원장 권준욱 교수는 공공 보건 분야의 연구 및 개발 없는 방역은 '사상누각'이라고 주장했다(권준욱, 2024). 사실 코로나 초기의 방역 대응은 의료 대응 능력이 감당할 정도로 발생 수준을 떨어뜨리기 위한 임시 방책에 불과했다. 근본적으로 문제를 해결하려면 국가 구성원의 공공 보건을 책임질 수 있는 연구 및 개발의 기반을 마련해야 한다. 하지만 2008년 광우병 사태부터 코로나 팬데믹까지 이 근본적인 문제는 해결되지 않고 있다. 21세기가 시작된 이후 한국 사회는 다양한 인수공통감염병과 가축 감염병의 확산을 경험했다. 사스를 시작으로 조류독감, 구제역, 메르스, 아프리카돼지열병, 엠폭스 그리고 코로나19까지 평균 3.6년에 한 번씩 대규모 감염병이 한국의 도시와 농촌을 휩쓸었고 인적·물적 피해는 규모를 헤아리기 힘들 정도다. 감염병의 확산은 이제 국가 안보와 직결되는 중요한 의제가 되었다. 팬데믹 기간 동안 정치권은 이구동성으로 공공 보건 분야에 대한 대규모 투자를 약속했지만 여전히 코로나19 이후 공공 보건 분야의 연구 및 개발 역량의 강화는 이루어지지 않고 있다.

코로나19 바이러스는 우리에게 재앙을 가져왔지만 동시에 생존의 길을 바꿀 수 있는 기회도 주었다. 팬데믹 상황이 종료된 후 마치 집단적 기억상실에 걸린 것처럼 사람들은 의식적이든 무의식적이든 충격적인 경험을 잊은 채 아무 일도 없었던 것처럼 일상생활을 지속하고 있다. 하지만 이미 우리를 둘러싼 모든 환경과 조건이 변화했고, 우리의 행동과 생각, 소통의 문법 자체에 좁은 틈이 생기기 시작했다. 새로운 시대에 우리는 어떤 삶을 살아야 할까? 그리고 안전성과 확실성이 보장된 예측 가능한 삶을 살 수 있을까? 이제 이러한 모든 질문에 대한 해답을 찾아가는 길고도 머나먼 여행이 시작되었다.

참고 문헌

경기도 축산위생연구소 (2011) 『2011 구제역 백서』, 경기도 축산위생연구소.
권순만 (2020) 「COVID-19와 보건정책-성과와 한계」, 송호근 외 지음 『코로나ing - 우리는 어떤 뉴딜이 필요한가?』, 나남: 65-98.
권준욱 (2024) 『감염병X-코로나 이전 세상은 다시 오지 않는다』, 박영사.
김기흥 (2009) 『광우병 논쟁-광우병의 실체를 밝히기 위한 과학자들의 끈질긴 투쟁의 역사』, 해나무.
김기흥 (2016) 「국제표준화의 불확실성과 메르스 사태」, 《환경사회학연구 ECO》 20(1): 317-351.
김기흥 (2018) 「경계물과 경계만들기로 구제역 간이진단키트: 국가기술중심주의와 분권주의의 충돌」, 《과학기술학연구》 18(2): 307-342.

김기흥 (2020) 「코로나 바이러스 모델링의 사회학: 영국의 수학적 모델은 왜 초기방역에 실패했는가?」, 《사회와 이론》 37: 263-302.

김기흥 (2021) 「코로나19 질병경관의 구성: 인간-동물감염병 경험과 공간중심방역」, 《ECO》 25(1): 83-130.

김동광 (2011) 「우리에게 구제역은 무엇인가? 국가주도의 살처분 정책과 함의」, 《민주사회와 정책연구》 20호: 13-40.

김선경·김지은·백도명 (2011) 「2010-2011 구제역 살처분 사태의 문제점」, 《한국환경보건학회지》 37(2): 165-169.

김영수·윤종웅 (2021) 『이기적인 방역 살처분·백신 딜레마-왜 동물에겐 백신을 쓰지 않는가?』, 무불출판사.

김준수 (2019) 「돼지전쟁: 아프리카돼지열병을 통해 바라본 인간너머의 영토성」, 《문화역사지리》 31(3): 41-60.

남궁석 (2021) 『바이러스 사회를 감염하다』, BioS.

농림수산부 (2012) 『고병원성조류인플루엔자 백서』, 농림수산부.

데이비스, 마이크 (2008) 『조류독감: 전염병의 사회적 생산』, 돌베개.

베이커, 피터 (2020) 「"우리는 정상으로 돌아갈 수 없다": 코로나바이러스가 세상을 바꿀 것인가?」, 《창작과 비평》 48(2): 383-398.

보건복지부 (2024) 「보건복지부, 코로나19 유행 대응을 위한 관계부처 점검」, 《보건복지부 보도참조자료》 (2023. 8. 14.).

샤피크, 미노슈 (2022) 『이기적 인류의 공존플랜-21세기를 위한 새로운 사회계약』, 까치.

송수연 (2020) 「부정확한 진단이 불러온 '구제역 파동', 코로나19에도 재현?」, 《청년의사》 (2020. 12. 21.).

아놀드, 캐서린 (2020) 『팬데믹 1918』, 황금시간.

에스포지토, 로베르토 (2023) 『사회면역-팬데믹 시대의 생명정치』, Critica.

연세대학교 디지털사회과학센터 (2023) 『언박스 코로나』, 페이퍼로드.

오경묵 (2020) 「세계가 놀란 '코로나 대량진단' … 원동력은 공중보건의 이동검진」, 《한국경제신문》(2020. 3. 23.).

오철우 (2020) 「코로나19 충격, 무엇을 보았나, 무엇을 이야기했나」, 《에피 12호》, 이음: 179-187.

유, 린다 (2024) 『그렇게 붕괴가 시작되었다』, 청림출판.

유익준 (2018) 「인수공통감염병 예방 및 관리의 법적문제-메르스 사례로 본 인수공통감염병 관리의 한계와 대안」, 《법과 정책연구》 18(3): 99-122.

유현미 (2020) 「'K-방역'과 두려움의 역설」, 추지현 엮음 『마스크가 말해주는 것들-코로나19와 일상의 사회학』, 돌베개: 41-68.

이경수·정해용 (2021) 『대구가 아프다. 그러나 울지 않는다-코로나19와 맞선 대구 사람들 이야기』, 지식과감성.

이상건 (2021) 「스페인 독감 이야기」, 《Epilia: Epilepsy and Communit》 3(1): 21-28.

이재갑·강양구 (2020) 『우리는 바이러스와 살아간다』, 생각의힘.

이향아 (2021) 「감염병을 그린 예술가들」, 박성호, 윤은경, 이은영, 이향아, 장하원 『감염병의 장면들』, 모시는사람들: 61-76.

정윤진·최선 (2017) 「정부의 안보인식과 위기관리시스템: 사스와 메르스 사태를 중심으로」, 《국제정치연구》 20(2): 133-157.

정진원·우준희 (2003) 「급성호흡기증후군(Severe Acute Respiratory Syndrome, SARS)의 이해」, 《대한내과학회지》 2: 154-159.

주철현 (2021) 『바이러스의 시간』, 뿌리와이파리.

질병관리청 (2021) 「코로나바이러스 감염증-19(Covid-19)」, 《질병관리청》(http://ncov.mohw.go.kr; 2021. 2. 10.).

최은경·천명선 (2015) 「구제역에 대한 위험대응에 관한 연구」, 《농촌사회》 25(1): 271-315.

최은경 (2020) 「팬데믹 시기는 새로운 의료를 예비하는가」, 《창작과 비평》 188: 416-428.

케네디, 조너선 (2025) 『균은 어떻게 세상을 만들어 가는가』, 아카넷.

쾌먼, 데이비드 (2022) 『인수공통-모든 전염병의 열쇠』, 꿈꿀자유.

퀘이조, 존 (2012) 『콜레라는 어떻게 문명을 구했나』, 메디치미디어.

투즈, 애덤 (2022) 『셧다운-코로나19는 어떻게 세계 경제를 뒤흔들었나』, 아카넷.

페트렐라, 리카르도, 세르주 라투슈, 엔리케 두셀 (2021) 『탈성장: 경제체제연구』, 대장간.

푸코, 미셸 (1999) 『광기의 역사』, 인간사랑.

푸코, 미셸 (2011) 『안전, 영토, 인구: 콜레주 드 프랑스 강의 1977-78년』, 난장.

푸코, 미셸 (2020) 『감시와 처벌: 감옥의 탄생』, 나남출판.

허윤정 (2020) 『코로나 리포트-대한민국 초기방역 88일의 기록』, 동아시아.

황승식, 김종헌, 김진용, 이형민, 홍기호 (2020) 「코로나19 과학이 아는 것과 모르는 것」, 《에피 12호》, 이음: 20-53.

호닉스바움, 마크 (2020) 『대유행병의 시대』, Connecting.

히켈, 제이슨 (2021) 『적을수록 풍요롭다: 지구를 구하는 탈성장』, 창비.

히켈, 제이슨 (2024) 『격차-빈곤과 불평등의 세기를 끝내기 위한 탈성장의 정치경제학』, 아를.

Agar, Jon (2019) *Science policy under Thatcher* (London: UCL Press).

Anderson, Warwick (2021) 'The model crisis, or how to have critical promiscuity in the time of Covid-19', *Social Studies of Science* 51(2): 167-188.

BBC News (2001) 'Cull delay worsened epidemic', *BBC News* (2001. 10. 4.).

BBC News (2020) 'Prof. Neil Ferguson quits government role after undermining lockdown', *BBC News* (2020. 5. 6.).

Bickerstaff, Karen and Peter Simmons (2004) 'The right tools for the job? Modeling, spatial relationships and styles of scientific practice in the UK foot and mouth crisis', *Environment and Planning D: Society and Space* 22: 393-412.

Binding, I. (2020) 'Coronavirus: 4,500 retired doctors and nurses sign up to battle Covid-19 pandemic', *Sky News* (2020. 3. 22.).

BMA (2020) 'Covid-19: Retired doctors returning to work', *British Medical Association* (2020. 6. 6.).

Boseley, Sarah (2020) 'Absolutely wrong: how UK's coronavirus test strategy unravelled', *The Guardian* (2020. 4. 1.).

Brown, Fred (2003) 'The history of research in foot-and-mouth disease', *Virus Research* 91: 3-7.

Cabinet Office (2008) *National Risk Register*, The Cabinet Office, UK.

Caduff, Carlo (2020) 'What went wrong: Corona and the world after the full stop', *Medical Anthropology Quarterly* 34(4): 467-487.

Callon, Michel (1986) 'The sociology of an Actor-Network: The case of electric vehicle' in M. Callon, J. Law. & A. Rip (eds) *Mapping the Dynamics of Science and Technology* (London: MacMillan Press): 19-34.

Chen, Kow-Tong et al. (2005) 'SARS in Taiwan: An overview and lessons learned', *International Journal of Infectious Diseases* 9: 77-85.

Choi, Sejin (2020) 'A hidden key to Covid-19 management in Korea: Public health doctors', *Journal of Preventive Medicine & Public Health* 53(3): 175-177.

Cooter, R., Harrison, M. & Sturdy, S. (eds) (1999) *War, Medicine, and Modernity* (Phoenix Mill: Sutton Publishing).

Cooter, R. & Stein, C. (2013) *Writing History in the Age of Biomedicine* (New Haven: Yale University Press).

Creager, Angela N.H. (2002) *The Life of a Virus-Tobacco Mosaic Virus as an Experimental Model 1930-1965* (Chicago: University of Chicago Press).

Department of Health and Social Care (2020) *New Campaign to Prevent Spread of Coronavirus Indoors this Winter* (Department of Health and Social Care, UK).

Ferguson, Neil M. (2006) 'Strategies for mitigating an influenza pandemic', *Nature* 442 (2006. 7. 7.): 448-452.

Ferguson, Neil M. et al. (2020) *Report 9: Impact of non-pharmaceutical interventions(NPIs) to reduce Covid-19 mortality and healthcare demand* (Spiral: Covid-19 Publications of Imperial College London, 2020. 3. 16.).

Freedman, Lawrence (2020) 'Strategy for a pandemic: the UK and the Covid-19', *Survival* 62(3): 25-76.

Goodle, Fiona (2010) 'Conflicts of interest and pandemic flu', *British Medical Journal* 340 (7759): 1256-1257.

Hardy, Ann (2001) *Health and Medicine in Britain since 1860* (London: Palgrave MacMillan).

Hayles, N. Katherine (2021) 'Novel corona: Posthuman virus', *Critical Inquiry* 47 (S2): S68-S72.

Heisbourg, François (2020) 'From Wuhan to the world: How the pandemic will reshape geopolitics', *Survival* 62(3): 7.

Hennessy, Peter (2022) *A Duty of Care: Britain before and after Covid* (London: Allen Lane).

Hinchliffe, S., Bingham, N., Allen, J. & Carter, S. (2017) *Pathological Lives: Disease, Space and Biopolitics* (Oxford: Wiley Blackwell).

Horton, Richard (2020) *The Covid-19 catastrophe: What's gone wrong and how to stop it happening again* (Cambridge: Cambridge University Press).

House of Lords (2020) *Covid-19 Rapid Summary: Behavioural Science* (Select Committee on Science and Technology, 2020. 6. 17.).

Jones, B. (2021) 'The medical establishment is failing the UK public on Covid-19', *BMJ: British Medical Journal* 372(775).

Keeling, M.J. and M.E.J. Woolhouse (2001) 'Dynamics of the 2001 UK foot and mouth epidemic: statistic dispersal in a heterogenous landscape', *Science* 294: 813-817.

Kim, Kiheung (2005) 'Styles of scientific practice and the prion controversy' in Eve Seguin (ed.) *Infectious Processes: Knowledge, Discourse and the Politics of Prions* (London: Palgrave MacMillan): 38-72.

Kim, Kiheung (2007) *Social construction of disease: From scrapie to prion* (London: Routledge).

Kim, Kiheung & Kim, Jongmi (2022) 'Surrender: (Bio)information in the era of the pandemic in South Korea', EJ Gonzalez-Polledo & Silvia Posocco (eds) *Bioinformaion Worlds and Futures* (London: Routledge).

Kucharski, A. J. et al. (2020) 'Early dynamics of transmission and control of Covid-19: a mathematical modeling study', *The Lancet Infectious Diseases* 20(5): 553-558.

Kupferschmidt, K. (2015) 'Superspreading event triggers MERS explosion in South Korea', *ScienceInsider* (2015. 6. 2.).

Latour, Bruno (2005) *Reassembling the Social: An Introduction to Actor-Network Theory* (Oxford: Oxford University Press).

Latour, Bruno (2021) 'Is this a dress rehearsal?', *Critical Inquiry* 47: S25-S27.

Law, John (2004) *After Method: Mess in Social Science Research*

(London: Routledge).

Law, John & Mol, Anne-Marie (2011) "Veterinary realities: what is foot and mouth disease?" *Sociologia Ruralis* 51(1), 1-16.

Law, John & Moser, Ingunn (2012) 'Contexts and Culling', *Science, Technology & Human Values* 37(4): 332-354.

Lawrence, Chris (1994) *Medicine in the Making of Modern Britain 1700-1920* (London: Routledge).

Levenson, M. (2020) "Scale of China's Wuhan shutdown is to be without precedent." The New York Times (2020. 2. 22.).

Lipstich, Marc (2020) 'Good science is good science', *Boston Review* (2020. 5. 12.).

Loeffler, Friedrich & Frosch, Paul (1897) 'Summarischer Bericht uber die Ergebnisse der Untersuchungen zur Erforschung der Maul- und Klauenseuche', *Zentbl. Bakteriol. Parasitenkd Abt.* I (22): 257-259.

MacKenzie, Donald (2006) 'Is economics performative? Option theory and the construction of derivatives markets', *Journal of the History of Economic Thought* 28 (1): 29-55.

McInnes, C. & Lee, K. (2006) 'Health, security and foreign policy', *Review of International Studies* 32: 5-23.

McTague, T. (2020) 'How the pandemic revealed Britain's national illness', *The Atlantic* (2020. 8. 12.).

Michael, M. (2016) *Actor Network Theory: Trials, Trails and Translations* (London: Sage).

Moghadas, S.M. et al. (2020) 'The implications of silent transmission for the control of Covid-19 outbreaks', *PNAS* 117(30): 17513-17515.

Muller-Mahn, D. ed. (2012) *The Spatial Dimension of Risk: How Geography Shapes the Emergence of Riskscapes* (London: Routledge).

Nguyen, V-K. (2010) *The Republic of Therapy: Triage and Sovereignty in West Africa's Time of AIDS* (Durham: Duke University Press).

Paterini, M. (2020) 'On the front lines of coronavirus: the Italian response to Covid-19', *British Medical Journal* 368 (2020. 3. 16.).

Peckham, Robert (2016) 'Where has SARS gone? The strange case of the disappearing coronavirus', *Somatosphere: Science, Medicine and Anthropology* (2016. 6. 8.).

Petruzzi, G. et al. (2020) 'Covid-19: Nasal and oropharyngeal swab', *Head & Neck* 42: 1303-1304.

Piper, Kelsey (2024) 'Shrinking the economy won't save the planet', *Vox* (2024. 9. 12.).

Qin, A., Myers, A. L. and Yu, E. (2020) "China tightens Wuhan lockdown in 'wartime' battle with coronavirus." *The New York Times* (2020. 2. 7.).

Quammen, David (2022) Breathless: *The Scientific Race to Defeat a Deadly Visus* (London: Simon and Schuster).

Ransome, Arthur (1868) 'On epidemics, studied by means of statistics of disease', *British Medical Journal* 2(406): 386-388.

Roberts, Alice (2017) *Tamed: Ten Species that Challenged our World* (London: Penguin Books) [앨리스 로버츠 (2019) 『세상을 이끈 길들임의 역사』 푸른숲].

Rosenberg, Charles E. (1987) *The Cholera Years: The United States in 1832, 1849 and 1866* (Chicago: University of Chicago Press).

Rosenberg, C. & Golden, J. (1992) *Framing Disease: Studies in Cultural History* (New Brunswick: Rutgers University).

Ryan, M. (2020) 'In defence of digital contact-tracing: Human rights, South Korea and Covid-19', *International Journal of Pervasive Computing and Communication* 16(4): 383-407.

Schraer, R. (2020) 'Coronavirus: how to get a Covid test', *BBC News* (2020. 9. 17.).

Scott, D. & J. M. Park. (2021) "South Korea's Covid-19 success story started with failure." *Vox* (2021. 4. 19.).

Scott, James C. (2017) *Against the Grain: A Deep History of the Earliest States* (New Haven: Yale University Press) [제임스 C. 스콧 (2019) 『농경의 배신-길들이기, 정착생활, 국가의 기원에 관한 대항서사』, 책과함께].

Serres, Michel (1995) *The Natural Contract* (Ann Arbor: University of Michigan Press).

Sodha, S. (2020) 'Nudge theory is a poor substitute for hard science in matters of life or death', *The Guardian* (2020. 4. 26.).

Sridhar, Devi (2022) *Preventable: How a Pandemic Changed the World & How to Stop the Next One* (London: Penguin Books).

Sturdy, S. (2013) *Medicine, Health and the Public Sphere in Britain, 1600-2000* (London: Routledge).

Tang, Y-W. et al. (2020) 'Laboratory diagnosis of Covid-19: Current issues and challenges', *Journal of Clinical Micobiology* 58(6): 1-9.

Taylor, Matthew (2024) 'These ideas are incredibly popular: what is degrowth and can it save the planet?', *The Guardian* (2024. 8. 24.).

The Independent SAGE (2020) *The Independent SAGE Report 5: Final Integrated Find, Test, Trace, Isolate, Support (FTTIS) Response to the Pandemic* (The Independent Scientific Advisory Group for Emergencies, SAGE, 2020. 6. 17.).

Timmermans, S. & S. Haas (2008) "Towards a sociology of disease." *Sociology of Health & Illness* 30(5): 659-676.

Van den Belt, H. (1997) *Spirochaetes, Serology and Salvarsan-Ludwik Fleck and the Construction of Medical Knowledge about Syphilis* (Nijmegen: Catholic University of Nijmegen).

Weaver, M. (2020) 'Retired hospital medical director lasted to die from Covid-19 in UK', *The Guardian* (2020. 4. 1.).

Weiss, Eric A., Ngo, Jessica, Gilbert, Gregory H. & Quinn, James V. (2010) 'Drive-through medicine: A novel proposal for rapid evaluation of patients during an influenza pandemic', *Annals of Emergency Medicine* 55(3): 268-273.

WHO (2020) *Timeline: WHO's Covid-19 Response* (WHO, https://www.who.int/emergencies/diseases/novel-coronavirus-2019/interactive-timeline#!).

Wilesmith, John (1998) 'Overview of the BSE epidemic', Douglas Morrison (ed.) *Prions and brain diseases in animals and human*, (New York, Springer): 309-310.

Wise, J. (2020) 'Covid-19: What's going wrong with testing in the UK?', *BMJ: British Medical Journal* 370 (2020. 9. 21.).

Woods, A. (2013) *A Manufactured Plague: The History of Foot-and-Mouth Disease in Britain* (London: Routledge).

Yates, T. (2020) 'Why is the government relying on nudge theory to fight coronavirus?', *The Guardian* (2020. 3. 13.).

Yen, M-Y et al. (2014) 'From SARS in 2003 to H1N1 in 2009: Lessons learned from Taiwan in preparation for the next pandemic', *Journal of Hospital Infection* 87: 185-193.

Zitek, T. (2020) 'The appropriate use of testing for Covid-19', *Western Journal of Emergency Medicine* 21(3): 470-472.

팬데믹과 정치

ⓒ김기흥, 2025. Printed in Seoul, Korea

초판 1쇄 찍은날	2025년 7월 22일
초판 1쇄 펴낸날	2025년 8월 1일
지은이	김기흥
펴낸이	한성봉
편집	최창문·이종석·오시경·김선형
콘텐츠제작	안상준
디자인	최세정
마케팅	오주형·박민지·이예지
경영지원	국지연·송인경
펴낸곳	도서출판 동아시아
등록	1998년 3월 5일 제1998-000243호
주소	서울시 중구 필동로8길 73 [예장동 1-42] 동아시아빌딩
페이스북	www.facebook.com/dongasiabooks
전자우편	dongasiabook@naver.com
블로그	blog.naver.com/dongasiabook
인스타그램	www.instargram.com/dongasiabook
전화	02) 757-9724, 5
팩스	02) 757-9726
ISBN	978-89-6262-670-4 03300

※ 잘못된 책은 구입하신 서점에서 바꿔드립니다.

만든 사람들
책임편집	박일귀·이종석
디자인	pado
크로스교열	안상준